タスカジさんが教える

最強の「家事ワザ」

タスカジさんの ココがスゴい!!

タスカジ＝「家事を助ける」といっても、料理や掃除、
整理収納、チャイルドケアなど、得意とすることは
タスカジさんによってじつに多様。
とくに予約がとれない人気のタスカジさんの、
3つの共通点を紹介します！

徹底的な主婦目線のアイデアが凝縮！
家も心もスッキリ片付く…

お金も時間もかからない「家事ワザ」

Housework Technique

「もっとキレイに」、「もっとおいしく」、「もっとスッキリ」……という高みを目指し、時間内でも、特別な道具は極力使わずに、満足してもらえるワザの研究に余念がありません。本書で紹介するワザは、プロでなくてもかんたんに真似できることがいっぱい。努力と経験の結晶をご覧あれ！

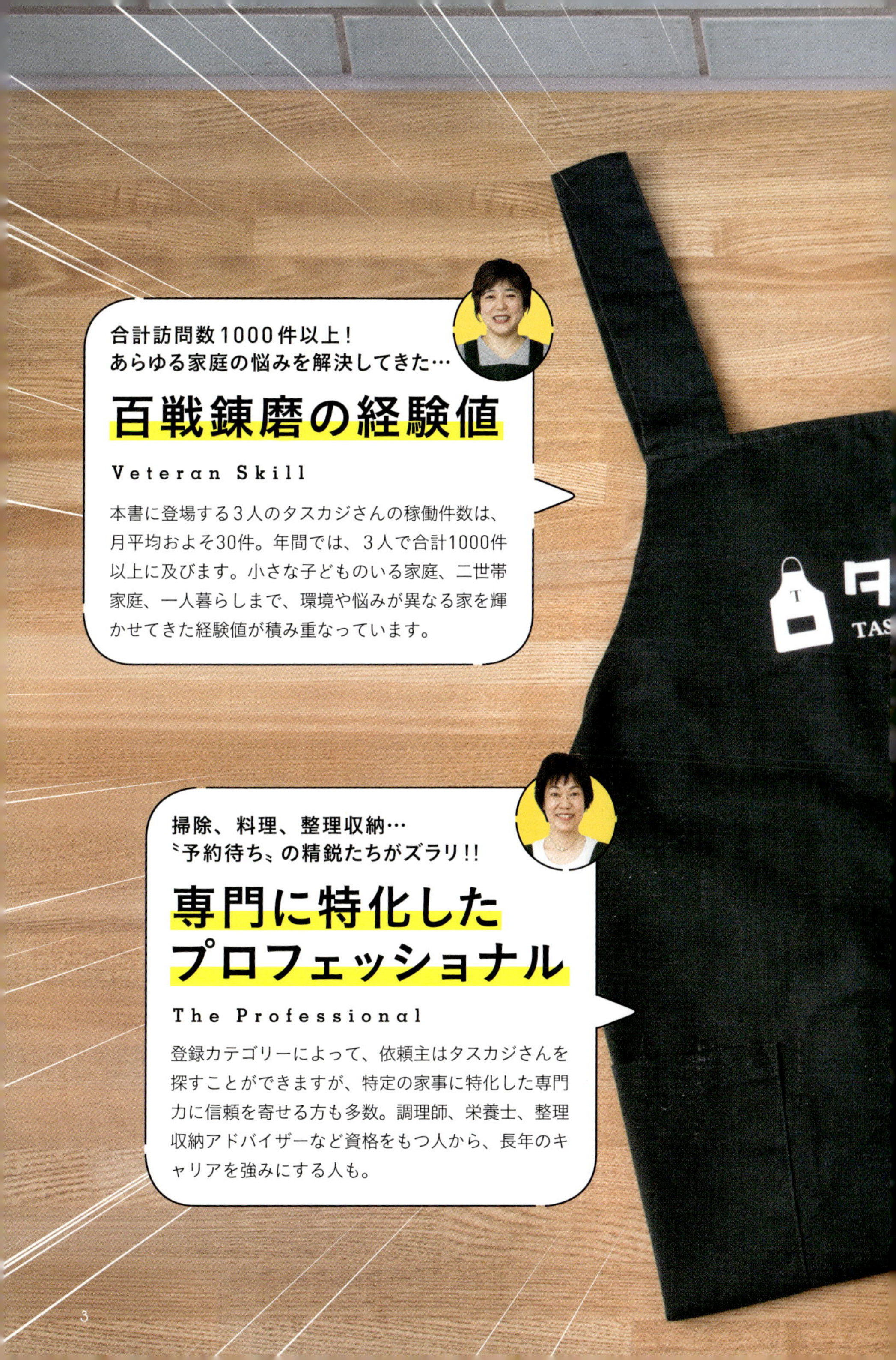

合計訪問数1000件以上！
あらゆる家庭の悩みを解決してきた…

百戦錬磨の経験値

Veteran Skill

本書に登場する3人のタスカジさんの稼働件数は、月平均およそ30件。年間では、3人で合計1000件以上に及びます。小さな子どものいる家庭、二世帯家庭、一人暮らしまで、環境や悩みが異なる家を輝かせてきた経験値が積み重なっています。

掃除、料理、整理収納…
〝予約待ち〟の精鋭たちがズラリ!!

専門に特化したプロフェッショナル

The Professional

登録カテゴリーによって、依頼主はタスカジさんを探すことができますが、特定の家事に特化した専門力に信頼を寄せる方も多数。調理師、栄養士、整理収納アドバイザーなど資格をもつ人から、長年のキャリアを強みにする人も。

本書に登場するタスカジさんは……？

Part 1「掃除・洗濯」

家事代行歴10年以上！
あらゆる汚れの取り方、
掃除術を熟知する達人……

みけままさん

Profile 大手ハウスクリーニング会社での経験を生かし、掃除のお仕事で活躍。レビュー評価が圧倒的に高く、リピーター7割以上を誇る人気タスカジさんのひとり。

Part 2「料理・作りおき」

料理教室講師としても活躍！
3時間で14品作りおきを
可能にする……

すずきよさん

Profile 女子栄養大学 実践栄養学科を卒業。管理栄養士。ガス会社の料理教室講師を16年務め、育ち盛りの子どもにも喜ばれる作りおきが大人気！

Part 3「整理収納」

片付け伝授500人！
「お片付けの家庭教師」の
異名を持つ……

サニー春さん

Profile 「まるでリフォームしたみたい！」と評判の〝お片付けの家庭教師〟。整理収納アドバイザー、ライフオーガナイザー® の資格をもち、片付けの仕組みを提案。

もくじ

Part 3

サニー春さんが教える「整理収納」ワザ

Part 4

教えてタスカジさん！みんなのQ&A

コレで差がつく！
5分／10分／15分を
ムダにしない
家事ワザ集

これから紹介する「家事ワザ」は、
何十年と成功と失敗の経験を重ねてきた
〝ベテランの家政婦〟だからこそ、たどり着いたことばかり。

まずは、誰でもどんな家でも簡単に実践しやすく、
「達成感」のあるワザの数々を3人が披露!

5分、10分、15分の積み重ねで、
毎日の家事の負担がかる〜くなること間違いなし。

タスカジさんとして働く3時間のスケジュールから、
効率のよい家事の流れも教わりました。

「掃除・洗濯」

5分

油汚れは セスキで浮かす！

近年注目される天然素材のアルカリ剤「セスキ炭酸ソーダ」＝セスキ。スプレータイプを吹き付けて5分置けば、しつこい油汚れが浮き、サッと拭くだけでスルッと落ちます。除菌にも！

➡ P.34

＼段取り上手のワザ、拝見！／

3時間の家事スケジュール

どんな悩みがあるか、お客様の要望をできるだけ細かくうかがい、3時間の流れを瞬時に考えて取り組むというみけままさん。リクエストの多い水回り掃除の段取りとは？

9:00 依頼主のお宅到着

まずは、要望を確認。時間を要する場所がないかを見つける。

9:15 カビ落としの準備

浴室溝のパッキンのカビ汚れは、漂白剤や重曹に浸けるため、先に着手。

9:30 浴室全体の掃除

基本ワザとして、「最初に水をかけずに、乾いた状態でお風呂用洗剤をかける」こと。洗剤が流れにくくなる。

タオル類を"オキシ漬け"

生乾きなどいやな臭いがしたら、50℃前後の湯に溶かした「オキシクリーン」に漬けるだけ。そのあと、いつもの洗濯機で洗えば、スッキリとした洗い上がりに。1アクションだけで効果大！

➡ P.47

溝カビを漂白剤でラップパック

カビ取り専用剤がないからと先延ばしすると、日に日にカビが手強くなる一方……。そんな時は、台所用漂白剤でカビ取りを！　キッチンペーパーに漂白剤を染み込ませ、ラップで定着させるだけ。

➡ P.33

9:45　パッキンの洗い流し
漂白剤に浸けた箇所を流しながら、古歯ブラシを使って落としきる。

10:00　洗面所（鏡）の掃除
鏡の汚れは、かるくぬらしたぞうきんで拭き、仕上げは必ず乾拭き。これで拭きムラが出ず、ピカピカキープ！

10:15　トイレの掃除
便器の汚れがしつこければ、持参の専用スポンジで磨き洗い。便器の奥のホコリなどすみずみまでキレイにする。

10:40　換気扇の掃除
フィルターを重曹に浸けている間、換気扇周辺の油汚れのレベルに応じて、セスキ、クレンザーを使い分け。フィルターは浸けすぎないよう注意する。

11:10　コンロ回りの掃除
焦げが積もった五徳は、たわしで磨き洗い（シンクが傷つかないように配慮を）。ガステーブルはセスキ拭き！

11:30　床の掃き掃除
上から下の流れで、ハンディモップでホコリを落として掃除機で吸い上げ。

11:50　部屋全体の仕上げ
1周確認しながら歩き、キレイに見えるひと手間を探す。

12:00　家事終了！

換気扇は〝重曹袋〟が大活躍！

最も敬遠される掃除が、換気扇回り。ゴミ袋に重曹を溶かした湯を張って、フィルターや部品を投入。5分ほどすると、油汚れが浮いてきます。年末の大掃除にも使えるワザ！

⇒ P.38

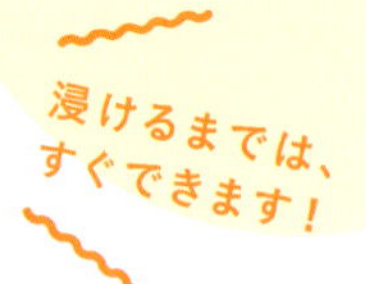

浸けるまでは、すぐできます！

五徳磨きは、アイテムに頼る

吹きこぼれや焦げが積もった五徳は、磨くのに躊躇します。重い腰を上げてくれるのは、クリームクレンザー。ナイロンたわしやデニムの端切れなどにクレンザーを付けて磨くのが正解。

⇒ P.40

みけままさんが手放せないナイロンたわしが、「超人たわしZ」（茂木和哉）。

子どもが着れなくなったジーンズ、裾上げの余り布が大活躍！

いちばん最後に**ホコリ**をキャッチ！

ホコリがあまりに多い時を除いて、掃き掃除は一番最後にまとめて行うことで効率アップ。壁や上にあるヘリのホコリも落とすこと。床の材質に合わせ、フロアワイパーや掃除機も使い分けを。

➡ P.102

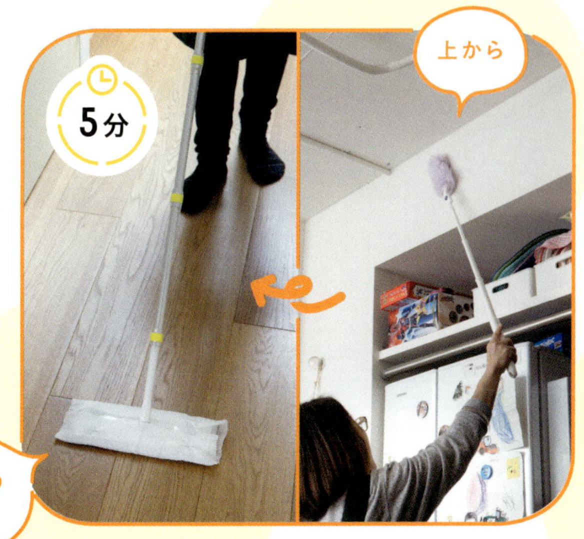

下が掃除のキホン！

プロのひと手間は真似して！

仕上げの**ひと手間**を忘れない

みけままさんが気をつけているのが、キレイに見えるためのひと手間。トイレ掃除後、トイレットペーパーを三角折りにしたり、シャンプーなどボトルの向きをまっすぐにすれば、一瞬で見違えます。

ボトルの向きもピシッとそろえる！

小児喘息の子どもがここ数日体調を崩していることをお伝えしたところ、あちこちのフィルターにたまったホコリや壁など普段なかなか手が回らないところまでピカピカにしてくださいました。

ayaさん

コンロ周りが見違えるほどピカピカになり、レンジフードのシートもキレイに装着してくれ、こちらからお願いしなくても、グリルまでキレイにしてくださいました。家がどんどんキレイになっていくので、来ていただくのが楽しみになっています。今日も本当にありがとうございました。

vavaさん

みけままさんに助けてもらった依頼主からの体験談レビュー

何をしても落とすことができなかったキッチンの油ハネ汚れをまっさらに落としてくださり、感動！　また機会がありましたら、よろしくお願いいたします。

kumikyonさん

お仕事が大変迅速、丁寧、的確で、こちらの予想するお仕事量の3倍くらいこなしてくださるので満足度がとても高いです！　娘の遊び場の整理収納と床拭き掃除、洗面所、お風呂場、キッチンなど、ピカピカにしてくださいました。娘は帰宅後おもちゃの配置が気に入ったようで、いつもより一人で遊んでくれました！

たまごさん

今回も家じゅうピカピカにしていただきました。玄関をあけただけで子どもたちが「わぁ!」と喜びの声をあげるくらいです。キッチンの油汚れ、水回りなど、なんでこんな短時間でキレイにできるのか不思議なくらいです。ずっとずっとお願いしたいタスカジさんです。

あや。さん

時短＋おいしさに差がつく！「料理・作りおき」

切る順番を考えて洗い物、削減！

作りおきなど、何品も同時に調理する時は、野菜→肉、魚の順に食材を切るのが基本。まな板や包丁を洗う回数が減れば、時間短縮！

／段取り上手のワザ、拝見！＼

3時間の家事スケジュール

忙しい平日のための作りおき需要が高まっている、というすずきよさん。3時間で14品を完成させる調理ワザの段取りを紹介します。

13:00 冷蔵庫の食材チェック
依頼主が用意してくれた食材を確認し、主菜をまず決め、副菜を考える。買い物からすることも。

13:10 下ゆで用の湯沸かし
先に下ゆでなどに使う湯を沸かすところから始める。

13:15 煮物などに着手
材料が少なく、簡単な煮物から取りかかる。煮ている間に、次のメニューの材料を切る。

13:40 下ごしらえ
味を染み込ませるのに時間のかかるものの仕込みをする。

14:00 たねを成形する
ロールキャベツ、シュウマイなど、肉だねがあるおかずを準備。

14:30 途中で洗い物！

14:40 揚げ物を調理
早めに揚げ物を作って、油を冷まして処理する時間を考慮する。

14:55 炒め物を調理
油のなじんだフライパンで炒めると、少ない油で炒め物ができる。

15:10 余った食材をフル活用
余った食材でスープ・漬物を作り、日持ちしない野菜を使いきる。

15:30 最後の片付け
作りおきを冷蔵庫にしまい、使った調味料も拭きながら戻す。

16:00 家事終了！

すずきよさん

コンロ＋トースターで火口をフル稼動

同時調理をスムーズに進めるコツは、火口をできるだけ空けないこと。コンロは湯を沸かしたり、煮込んだり、炒める作業を継続。さらに、オーブントースターや電子レンジ、魚グリルでも焼けます。

トースターで1品！

最後まで作らないでおく

仕上げ時に、おいしさを最大限引き出しましょう。鍋に作りおけば温めやすかったり、グラタンなどはチーズをのせて、食べる時に焼けば、アツアツ。

➡ P.54

グラタンは食べる時までスタンバイ！

耐熱容器に入れておき、ラップをして冷蔵庫へ。配膳準備の間に焼けるけれど、これも立派な作りおき！

鍋任せメニューでラクする

材料を全部鍋に投入して火にかけるだけのメニューを知っていると、その間に他の副菜を作ったり、片付けができます。手がかからない＝考える作業も少ないので、忙しい夜にぴったり。

⇒ P.64

火にかけている間に他のことができる！

合わせ調味料をストックする

和風の定番・甘辛味、さっぱり仕上がる南蛮味など、調味だれを用意しておくと、調理の面倒が激減！ また冷蔵庫にあれば、味付けに迷いません。

⇒ P.72

肉だねはカサ増しにぴったり！

シュウマイ（P.70）や肉だんご、ハンバーグなど、挽き肉を使った料理では、細かくした野菜を入れてカサ増し！ 栄養バランスや風味、食感もアップ。

野菜もお肉も
いっぱい！

1品で満足するおかずにする

一汁三菜など、献立作りに追われてしまうなら、1品で満足度の高いレシピに頼ってみましょう。ハンバーグなら、煮込む時に野菜をたっぷり加えれば、バランスも向上します。

優秀な調味料に頼る

本当に忙しい時に役立つのが、「焼肉のたれ」や「濃縮つゆ」などの調味料。冷蔵庫にある野菜や肉に下味を付けたり、炒め物の仕上げに回し入れれば、一発で決まります。

➡ P.105

写真に写ってないですが、カレーと豚汁もあります。帰宅するのが楽しみです！　ありがとうございました。

みぽこさん

今日は和洋中に加えて、「アドボ」というフィリピン料理まで作っていただき、楽しくおいしくいただきました。ゆで卵と鶏手羽を酢などで煮込んだモノで、酸味とコクが美味しかったです。どのお料理にも、想定以上の野菜がたくさん入っていて、「こんな野菜も入れるんだ！」と毎回感心させられます。次回も楽しみにしています（o^^o）

TOMOKOさん

すずきよさんに助けてもらった依頼主からの体験談レビュー

今週は夫が不在のため、私と3歳児の夕飯だけなので量少なめ、冷凍可のモノを多めに用意してくださいました。鶏の丸揚げは冷凍可とのことでしたが、ガマンできず当日に食べてしまいましたw　どれも夕飯、晩酌のつまみ、私のお弁当にと、今週はすずきよさんの料理がフル稼動（o^^o）正月明け、仕事がバタバタなので助かってます。

caoriさん

今回も、たくさんのメニューをありがとうございます！　材料が少ないのに、まったくそれを感じさせないバリエーションで作ってくださいました。写真のほかに、お鍋に春雨パクチースープもあります！

accooさん

時短＋スッキリに差がつく！

「整理収納」

立てて入れられるから、
3倍は収納可能！

10分

高さのある下駄箱は 書類ボックスを活用

靴を収納する下駄箱は、高さやスペースが決められがち。スペースに合った書類ボックスで整理すれば、靴を立てて収納でき、収納量が数倍アップ！　シューキーパーや中敷き、防水スプレーもスッキリ。

段取り上手のワザ、拝見！

3時間の家事スケジュール

整理収納は、使い勝手や見た目のスッキリさなど、人によって価値観、優先順位が大きく異なります。今回は、台所エリアの片付けに絞って、コーチングの流れを紹介。

サニー春さん

たたまなくていい洗濯物を作る

洗濯して、干して、たたむというのが家事のキホンですが、靴下、下着はたたまないのが、サニー春流ルール。シワや形をあまり気にしないから、収納ボックスにポイッと入れるだけで、たたむ時の気持ちもラクに。

行動に合わせたポーチを用意

右上から時計回りで、筆記用具、ラベラー、毛染めアイテム、修理ドライバー類、お墓参りセット。種類だけでなく、行動に合わせてポーチ分けしておくことがミソ。100均グッズが活躍！

9:00 片付けスペースを決める
お客様の家を見て、3時間でできる範囲を相談して決める。

9:10 モノを〝全出し〟する
戸棚の中のあらゆるモノを一度机やシートに出して、収納できる量を確認。

9:50 グループ分け
とくに食品はあちこちに点在しているので、種類、開封未開封に分ける。

10:10 使っていないモノを聞く
たとえばポリ袋でも、書店のはマチがないので使わないのでは？など伺う。

10:30 動線を一緒に確認
どこにしまうのが一番よいかを、お客様の普段の行動を聞きながら、ひとつずつ提案をする。

11:00 考えている間に掃除
お客様が判断に悩んでいる時は、拭き掃除やゴミをまとめるなど進める。

11:10 収納していく
より使いやすい場所になるか、確認しながら戻していく。

11:40 質問タイム
別の場所のアドバイスをしたり、他の家事をすることも。

12:00 家事終了！

バザー袋に放り投げる

プレゼントでいただいたり、無料でもらったモノは、使うアテがないまま放置しがち。捨てるのも忍びないからこそ、誰かにあげるためのバザー袋を用意しましょう。

使わないけど、捨てられないモノはこちら！

ラップ類、袋のルールを決める

どんな家庭でも、台所で使わない日はない日用品が、ラップ、ホイル、袋類。メーカーを決めておけば、買い物でも迷いません。レジ袋はかごに入るだけをストック。

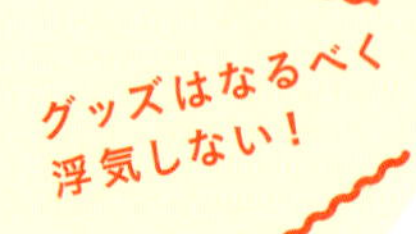

清潔＆在庫も一目瞭然に！

つっぱり棒＋壁で、TP収納

トイレットペーパーの保管は、棚がなくても「つっぱり棒」1本あればかんたん。壁際に設置すれば、壁に沿って並べられます。

乾物の用途を分けておく

食材が台所の中でもあちこちに点在するお宅をよく見かけます。たとえば、だし類、缶詰、麺、インスタント食品など、使う状況でかご分けすれば迷いません。

「なんでも帳」に貼る習慣

手紙、DM、コンサートの半券、新聞の切り抜き、レシピなど、私たちの身の周りにはまだまだ紙があります。実用性のある内容もあれば、イベントの記念など、読み返す楽しみにもなりますよ。

開封したら、
ジャンルごとに
ファイリング！

届いた封筒はすぐ仕分ける

書類整理の究極の目標は、すべて捨てることと思っています。手元に置いておきたいモノをきちんと仕分けする習慣の第一歩が、封筒整理。開封グセを！

今回も相談しながら進め、玩具収納の配置換え・キッチンの鍋収納の見直し・コンロ回りのお掃除をしていただきました。よく断捨離にあるようなモノを捨ててくださいではなく、元からあるモノを捨てずに、かつ活用できていないモノを使ってうまーく収納してくださいます。

kikiさん

大変満足です！ 引っ越し直後の片付け、整理収納をお願いしました。3時間という限られた時間内に、2LDKの家の洗面、寝室、ウォークインクローゼット、トイレを中心に、すぐに普段の生活ができるよう仕上げてくださいました。ひとりでは、1週間はかかる量でしたので、本当に有り難かったです。頼んで大正解でした。

たまごさん

サニー春さんに助けてもらった依頼主からの体験談レビュー

3人家族の散らかりきった部屋（下・ビフォー写真）の整理整頓をお願いしました。片付けの方法論を教えてくださりながら、本当にテキパキと動いてくださり、3時間とは思えないレベルで進みました。やっていただいたキッチンは見違えるように片付き、子ども部屋もポイントを教えていただいて広くなりました！ 仕事部屋はやり方を教えてもらいつつ、自分も片付けしましたが、自分がやっているとは思えないくらいどんどん片付くので感動。本当にプロだと思いました！

tomomi27さん

気になっていながらもなかなか手を付けられていなかったキッチン周りの収納が本当にスッキリ、使いやすくなりました。また、後半30分ほどで、書類の整理も手伝っていただきました。ごちゃごちゃしがちな書類の分類方法、捨てていいモノ／捨ててはいけないモノ等、書類整理の考え方のポイントをわかりやすく伝授いただきながら、一緒に整理をしました。

M.asagaya Testさん

PART 1

みけままさんが教える

「掃除・洗濯」ワザ

掃除はちょっとの工夫と道具の進化で驚くほど効率化。短時間でできたり、汚れの取れ方が画期的だったり……。掃除のプロ・みけままさんの愛用道具や最新の掃除術を教えてもらいましょう!

頼れる
アイテムがあると、
掃除の時間が
大幅短縮！

9割の汚れはコレで解消！ 最強の掃除道具。

掃除の完成度を高めるのは、道具の使い方次第と言っても過言ではありません。油汚れなのか、ホコリなのかといった、「汚れのタイプに適した洗剤」と、掃除をしたい場所の「素材に合った道具」を選ぶこと。これを間違えなければ必ずきれいになります！　かといって、いくつも洗剤や掃除用具を使い分けなくて大丈夫。私が普段使うのは8つ。これをキッチン、お風呂、ダイニングと家じゅうで活用します。

みけままさんのこだわり

掃除中はずっとゴム手袋で手を守る習慣を！

アルカリ性の洗剤など手荒れしやすいモノを使うこともあるので、ゴム手袋をして掃除をします。ゴム手袋に油汚れがついた時は手袋をしたまま手を洗って、次の場所の掃除へ。終わったら、ネットに入れて洗濯機で洗濯。手袋は薄手タイプならフィットして便利！

絶対手放せない！　基本道具の使い方

みけままさんが訪問先でも使っている掃除道具はこの8つ。汚れのタイプによって道具を使い分けることで、掃除の効率や仕上がりが格段にアップします。

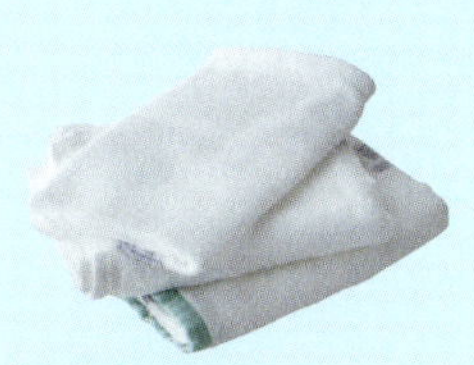

粗品タオル

床のぞうきんがけは厚みのあるモノより、適度に薄い粗品でもらったタオルで十分！　タオルは切らずに4〜8つ折りで使用。

マイクロファイバークロス

マイクロファイバーと呼ばれる特殊な化学繊維で編まれた、吸水性に優れた布。蛇口や鏡の仕上げ拭きに適しています。

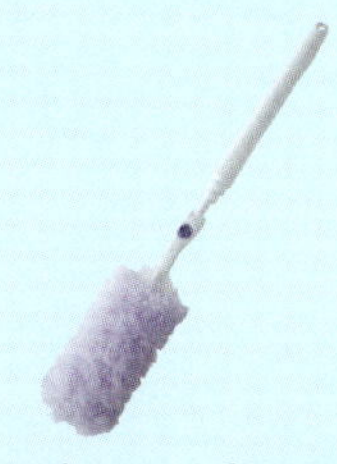

ハンディモップ（伸縮式）

掃除はまずホコリを取るところから！　壁や手の届かないエアコン回りなど、高い場所のホコリも取りやすい伸縮式が便利。

ハードたわし

ガチガチに固まったガンコな油汚れ、魚グリルや鍋の焦げ付きなどハードな汚れに対応できるシートタイプのたわし。

ソフトたわし

抗菌タイプのナイロンたわし。コンロ回りの油汚れやシンクの水アカに。ナイロンなのでこすってもキズがつかないモノを。

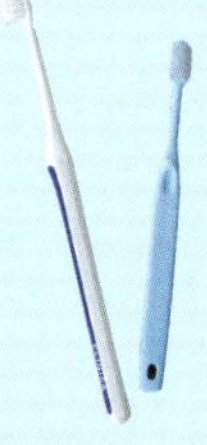

古歯ブラシ

毛先が開いた古い歯ブラシは捨てずにキープ。コンロのすき間や窓のサッシなどクロスやぞうきんが使いにくい場所に（P.36）。

セスキ

リビングやダイニングのテーブルを拭くのもコレ。除菌もできるので、小さいお子さんやペットのいる家庭に（P.34）。

クリームクレンザー

洗面所やお風呂の水アカ汚れに◎。浴槽にも使えるが、よく水で流さないとザラザラと残るので注意が必要です（P.40）。

じつは、
家でいちばん
汚れやすい場所！

最初に確認すべきは、「風」と「水」の通り道。

必要なモノ **古歯ブラシなど**　所要時間 **5〜10分**

普段の掃除で見落としがちなのが、「風」と「水」の通り道。換気扇など風を吸い出す場所と水を流す排水口です。「風」と言えば、換気扇が主な場所ですが、浴室乾燥機、空気清浄機のフィルター、温水洗浄便座の脱臭フィルターなどもそうです。ここが汚れてしまうと、機能が最大限に活かせません。結果、湿気やカビ、臭いに悩まされることに。面倒かもしれませんが、何よりも先にやっておきたい場所です。

みけままさんのこだわり

掃除機も定期的にメンテナンスしていますか？

掃除機のゴミの吸い取りがなんだか甘いと思ったらフィルターをチェックしましょう。もし汚れていたら、古歯ブラシでホコリを取りながら水洗いします。歯ブラシは毛先をカットして使うと、より汚れをしっかりと落とせます。(P.37)

家政婦は見た!! 掃除を見逃しがちな場所 ワースト3

いずれは掃除をしなきゃと思っていたり、
ついつい後回しにしちゃいがちな場所をみけままさんに挙げてもらいました。

「風」の通り道

1位

浴室の天井フィルター

掃除中は上を見上げることが少ないのでつい見逃しがち。お風呂掃除のついでに、フィルターも時々チェックしましょう。

2位

換気扇

キッチンの換気扇は汚れが見えない分、気づきにくい場所。ガンコな油汚れがこびりつく前に定期的に掃除を（P.38）。

3位

窓のサン

ゴミがたまりやすいものの、見て見ぬふりをしがち。古歯ブラシにぞうきんを巻きつけて汚れを拭き取るとよいです。

「水」の通り道

1位

トイレの縁裏

汚れが見えない場所だが、臭いの原因に。ブラシも届きにくいので、トイレ用酸性洗剤を塗布し、古歯ブラシを使うとgood。

2位

浴室の排水口

髪の毛が詰まり、ぬめりがひどくなると悪臭の原因に。ゴミ取りネットを開けて奥まで洗ってからパイプクリーナーを。

3位

洗濯機の排水フィルター

ホコリや糸くず、髪の毛、洗剤の残りなどがたまりやすい。フィルターを取り出し、古歯ブラシで汚れを取りましょう。

必要なモノ クレンザー、たわしなど 所要時間 10分

ステンレスに、メラミンスポンジはNG！

細かいキズが付いて、
〝くもり〟の原因に…。

メラミンスポンジを間違って使っている人がとても多いです！ もし、蛇口回りやシンク、お鍋の焦げ付きに使っている人は今すぐストップ。一見、きれいになっているように見えていますが、ステンレスや鏡面加工している場所には、細かなキズを付けているのです。続けるうちにキズがくもりの原因になってしまいます。蛇口回りやシンクには、クレンザーとたわしだけでピカピカになります。

みけままさんのこだわり

メラミンスポンジは、マット仕上げの場所で大活躍！

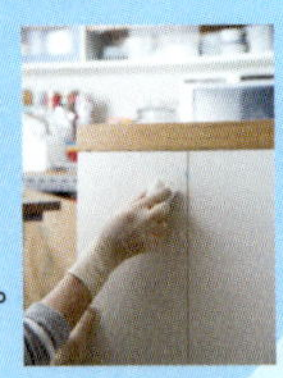

木や人工大理石など、マットに仕上げられた場所ならメラミンスポンジの威力発揮。手アカが気になるところを数回こすればきれいに。陶器の洗面ボウルにも。

必要なモノ 台所用漂白剤、ラップ、キッチンペーパー 所要時間 15分〜（放置する時間は除く）

カビ取りには、
台所用漂白剤でラップ放置。
カビ専用剤がなくても、コレ1本で十分だった！

台所用漂白剤は、キッチン周りだけでなく、さまざまな場所で効果を発揮してくれます。中でも、ぜひやっていただきたいのは、お風呂場のガンコな黒カビ。水回りのパッキンやタイルに根を張って内部に入り込んだ黒カビを、漂白して取り除きます。

方法はまず、古歯ブラシに漂白剤をつけてパッキンに塗布。付けた漂白剤が液だれしないように上からキッチンペーパーを当て、ラップで密着させます。このまま7時間以上放置。夜のお風呂上がりに行い、朝まで放置してもいいし、朝セットして夜の入浴まで放置してもいいです。

注意点としては、液だれしてしまうと効果が半減するので、パッキンには先にキッチンペーパーを当てて、その上に漂白剤をかけると液だれしません。泡タイプも使いやすいでしょう。

必要なモノ セスキ、たわし、マイクロファイバークロス　所要時間 5分〜

人気沸騰！
ドラッグストアなどに
売っています。
OFF
驚くほど落ちる！
日々の汚れはセスキ任せ。

掃除の万能アイテムとして注目されているセスキ。ほとんどの訪問先で目にするようになりました。どんな汚れに適しているかというと、セスキはアルカリ性なので、アルカリ性に反応する酸性の汚れに効果を発揮します。たとえば、キッチンの油汚れや手アカなどの皮脂汚れ。軽い汚れならセスキを吹き付けたぞうきんやスポンジでこすり、しつこい汚れはしばらく放置してから拭き上げるとよいです。

みけままさんのこだわり

リビングやダイニングのテーブルもセスキでサッとひと拭き！

セスキは毒性がなく、舐めても害がないと言われています。ですので、ペットや小さいお子さんがいらっしゃる身の周りにもセスキは安心して使えますね。除菌効果もあるので、食卓やカーペット、フローリングなどのぞうきんがけにも◎。

油はねがスッキリ！ セスキのコンロ掃除術

油汚れに強いセスキはコンロの掃除にテキメン。
P.29で紹介したソフトたわしとマイクロファイバークロスも一緒に使います。

1 セスキを吹きかける

五徳を外して、コンロ全体にセスキを吹きかける。油や汚れがひどい場合は、5分ほどそのまま放置して浮かせます。

2 たわしでこする

超人たわしZ（P.48）またはソフトたわしで油汚れがついている場所をこすりましょう。

3 クロスで清拭き

仕上げに乾いたマイクロファイバークロスで全体を拭きます。

こんな場所でもセスキ大活躍！

電子レンジ

洗剤の臭いを残したくないレンジ庫内はセスキが最適。庫内に吹き付けてしばらく放置して油を浮かせてから拭き取ります。

テレビ画面

ホコリや手アカがついた液晶画面は、セスキを吹き付けたマイクロファイバークロスでサッと拭き、仕上げに乾拭きを。

ドアノブ

ドアノブやスイッチは手アカのたまり場。セスキは直づけせず、マイクロファイバークロスにつけて拭きましょう。

必要なモノ　古歯ブラシ　所要時間 5分

スペースごとに
用意しておくと、
すぐ使えて便利。

歯ブラシの毛先でしか届かない汚れがある！

我が家では使い古した歯ブラシは捨てずに取っておきます。自宅でも使いますし、訪問先に持っていくことも。歯ブラシの固い毛先は、シャワーノズルや温水洗浄便座のノズルなど、小さな穴や目地の細かい場所の掃除に重宝。ただし、使い古した後の歯ブラシは毛先が広がって柔らかくなっています。少しだけ切って使うのがコツ。固い毛先がシャワーノズルに詰まった水アカをしっかりかき出してくれます。

みけままさんのこだわり

古歯ブラシは使い捨ての掃除道具と割りきって！

使用済みの歯ブラシは、汚れがたまった場所で効果を発揮してくれるのでその分汚れるのが早く感じるかもしれません。お風呂用、トイレ用と場所ごとに用意しておいて、汚れたら捨てて、また新しい古歯ブラシを使いましょう。

するする落とせる！ 歯ブラシの活用法

使用済み歯ブラシは使う前に必ず毛先をカットして、固い状態で使用しましょう。きれいにしたい場所をブラッシングするように動かして、汚れをかき出します。

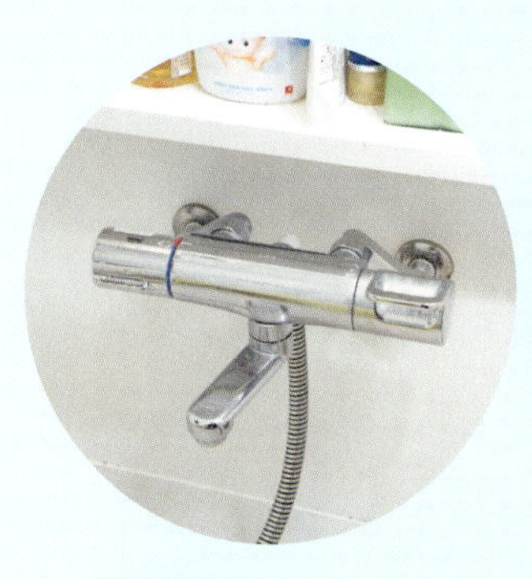

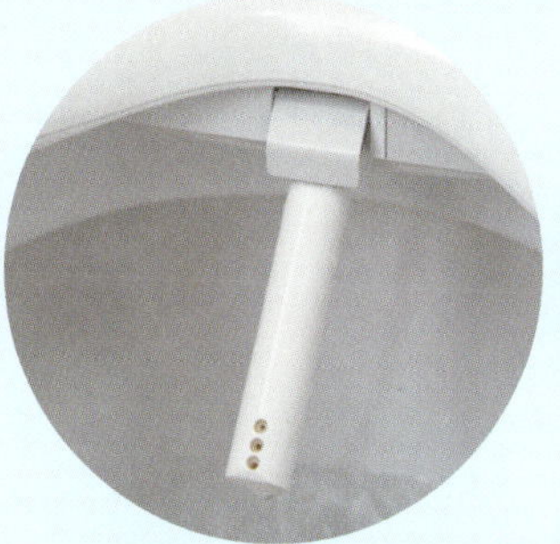

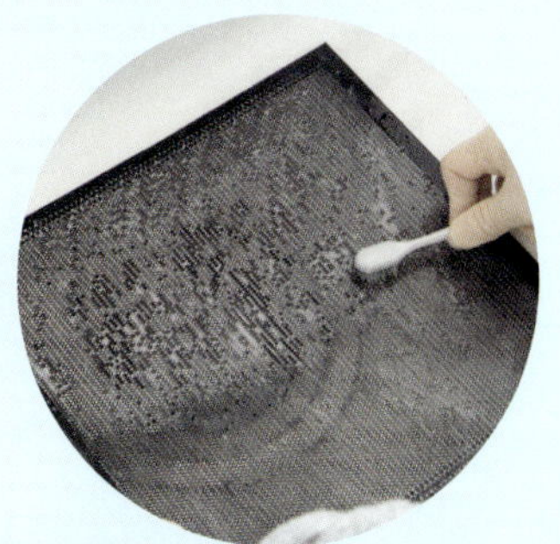

蛇口回り

水アカやカルキでくすんだ蛇口には、クレンザー+歯ブラシ+ソフトたわしで対処。最後に水で洗い流した後は、マイクロファイバークロスでよく水気を拭きましょう。

温水洗浄便座ノズル

ノズルを引き出してから掃除します。トイレ用洗剤をつけた歯ブラシを小きざみに動かしながら水の吹き出し口をこすり洗いします。仕上げにぞうきんで水拭きしましょう。

各種フィルター

油汚れやホコリが目地に入り込んだフィルターには歯ブラシが最適。くるくると円を描くように汚れをかき出します。あまりにひどい油汚れは浸け置き洗い（P.38）もプラス。

古歯ブラシの使いこなしワザ！

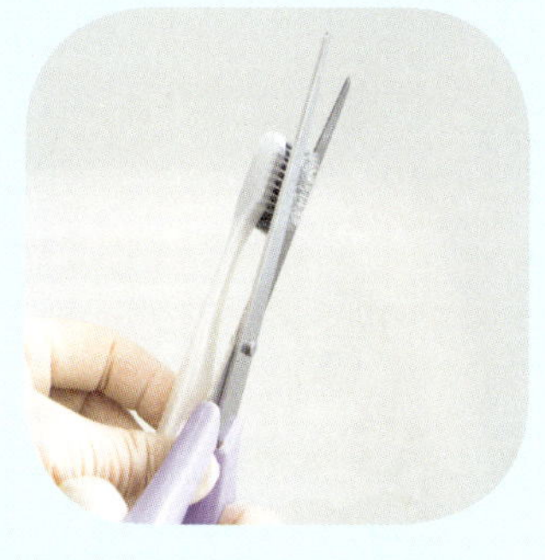

掃除には、幅の狭い歯ブラシが重宝

小回りがきくという点で、子ども用やスリムタイプなど、歯ブラシそのものの幅が狭いタイプがおすすめ。

毛先は5mmほど切ってから使用

使い古しの歯ブラシは毛先が外に広がり、汚れがかき出しにくい状態。ハサミで切って、毛先を固くして使います。

ゴミ袋に入れれば、
周囲が汚れにくく
片付けがラク！

換気扇のベトベトは、50℃の湯＋重曹で浸け置き。

必要なモノ　重曹、45ℓゴミ袋、汚れて大丈夫なボロたわし、古歯ブラシなど　所要時間　30分

キッチンの換気扇のフィルターは見えないからといってつい放っておきがち。訪問先であまりにガンコな油汚れを発見したら、お湯と重曹の力を借りて浸け置き洗いをします。

方法はかんたんで、重曹を溶かした50℃くらいのお湯に浸けておくだけ。5分ほどすると油汚れが浮き始めます。そこで、いつまでお湯に浸けておくかを見極めないといけません。なぜなら、お湯が冷めたら油はまたフィルターに戻ってしまいます。お湯が冷めないうちに浸け置きを終えること！　終わったら、たわしや古歯ブラシ（P36）でフィルターに残った油汚れをなで洗いして落とします。

ひとつ注意点があります。黒塗装のフィルターは重曹の湯に長く浸けると、塗装がはげてしまうことがあります。様子を見ながら行ってください。

掃除の達人・みけままさん直伝！　換気扇掃除の流れ

これまで何百件ものお宅の換気扇を見違えるほどきれいにしてきたみけままさん。ベタベタ&ギトギトな油汚れを、するりと落とすワザを教えてもらいました。

1. まずは換気扇がオフになっているかをチェック。すべてのボタンを押して、オフにします。

2. ゆっくりとカバーを取り外します。時間がある時はこのカバーの拭き掃除も。

3. フィルターを取り外します。油が指につくので、必ずゴム手袋をしましょう。

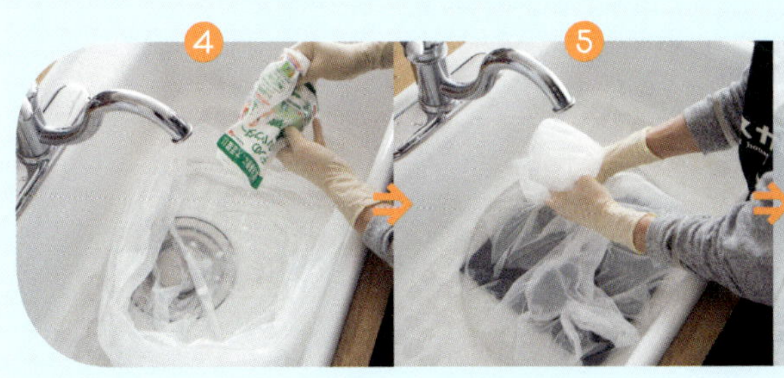

4. 二重にしたゴミ袋に50℃のお湯と重曹大さじ2を入れて、重曹をよく溶かしておきます。

5. お湯の中にフィルターを浸します。お湯が足りなかったら足して、ゴミ袋の口をしばります。

6. 5〜10分ほどたったら、油が浮いてきます。油を確認したら、袋から出して水を流します。

7. 水ですすいだ後、ベタベタしていたらたわしでこすり洗い。ベタつきが取れるまでこすります。

8. 水気をきったら、マイクロファイバークロスでしっかり拭いて、フィルターを元の位置に戻します。

必要なモノ 子どもの着れなくなったジーンズ、裾上げの余り生地、クリームクレンザー

所要時間 10分

デニムの端切れ&クリームクレンザーのW使い!

ジフ
クリーム
クレンザー
とにかく安価。
昔からあるモノも、
見直してみて!

油汚れに強いクリームクレンザー。実は、水アカや手アカにも効果を発揮。それは、細かな研磨剤が入っているから。ぜひ、水アカの気になるシンクや浴槽の鏡にも使ってみてください。そして、ぜひクレンザーとコンビ使いしてほしいのがデニムの切れ端。デニムは目地が細かいので、クレンザーを吸わず、汚れにしっかり付着します。目の粗いスポンジは、クレンザーを吸ってしまうのであまり向いていません。

みけままさんのこだわり

クリームクレンザーは使う前にしっかりボトルをふる!

クレンザーの研磨剤は重たいので、使う前は下に沈殿している状態。使う前によくふること。また最後に、ザラつきがなくなるまでしっかり水で流しましょう。

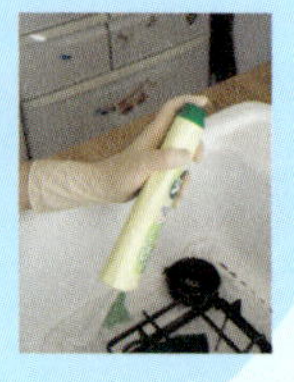

コスパ優秀！ デニム＆クレンザーで磨くべき3つ

しつこい油汚れや水アカ汚れにこそ効果を発揮する
デニム＆クレンザーのコンビ。デニムがない場合は、丸めたラップでも代用できます。

「コンロの五徳」

調理中の吹きこぼしや油の飛び散りなどがついた五徳。まずは、コンロから取り外します。クレンザーをつけたデニムで細かい部分まで表からも裏からも丁寧に磨きましょう。

「シンクの中」

クレンザーで汚れを落としたら洗い流し、水気を拭き取ります。その後、乾いたクロスに少量のクレンザーを取り、薄く塗り広げるようにシンク全体に塗布。最後にきれいな面で乾拭きすれば、くもりなく新品のように仕上がります。

「ウロコのついた鏡」

小さな円を描きながら、左右に少しずつ移動させて全体を磨きます。鏡のウロコはかなりしつこいので一度で落ちない場合も。諦めずに、二、三度磨いていくと徐々に落ちていきます。

必要なモノ フロアワイパー 所要時間 1分

用意することから、
掃除は始まります。

洗面所にフロアワイパーを置き、髪ゴミを即キャッチ！

髪の毛のゴミはとても厄介です。そのまま放っておいて、落ちている髪の毛を踏むと、足の裏やスリッパにくっついたままリビングや寝室に移動します。結果、家のあちこちに髪の毛が落ちていることに。そうならないために、落ちているのに気づいたらすぐに掃除できるようにフロアワイパーを洗面所に設置。あえて見える場所に置き、気づいた家族ができるようになれば洗面所も家全体もきれいでいれますね。

みけままさんのこだわり

フロアワイパーのシートは、凹凸のついたモコモコタイプ

「フロアワイパーで掃除してもあまりゴミが取れません」という方は、シートが薄すぎるのかもしれません。シートが薄いと髪の毛を絡め取りにくいので、シートを二重にして使ってみましょう。または、凹凸のついた厚手のシートに変えてみても◎。

必要なモノ ウタマロ石けん　所要時間 10分

ガンコな汚れには、ウタマロ石けん。

スニーカーのほか、靴下、ふきんにも◎

訪問先でもよく目にするウタマロ石けん。スニーカーの泥汚れや床を拭いて真っ黒になったぞうきんなどを洗うのにとても適しています。使い方はとてもシンプル。ぬるま湯にスニーカーをつけて湿らせておきます。その間にたわしに石けんをつけ、こすり洗いすると真っ白に！　ただし取扱い表示に従い、水洗い可能か確認し、色柄物や生成り、オフホワイトのものは、目立たない場所で試し洗いしてください。

みけままさんのこだわり

泥のついた靴下やユニフォーム、口紅がついたハンカチにも

汚れた部分を水で濡らし、直接石けんを塗りつけてからもみ洗い。石けんの緑色がうっすらつくまで塗り、もみ洗いは緑色が消えるまで行うのが目安。

ウタマロ石けん（東邦）

必要なモノ 台所用洗剤、漂白スプレー 所要時間 15分

知っておきたい

洗濯トラブル対処術。

ワイシャツの えりやそでの黄ばみは どうする!?

汚れがなかなか落ちない、またはすぐに汚れてしまう箇所と言えば、えりやそでの汚れではないでしょうか。黄ばみは皮脂の汚れで、黒ずみは黄ばみの上に汚れが付着している状態です。この場合は、それぞれの汚れを順番に落とす2段階洗いが効果的。まずは台所用洗剤を黒ずみにつけて古歯ブラシでこすり洗い、または手でもみ洗いします。次に、衣類用漂白剤で浸け置き洗いをして、洗濯機へ入れましょう。

みけままさんのこだわり

放置してしまったシミには漂白剤のW使いで対処!

食べこぼしのシミや汗ジミなど、しばらく放置しておいたシミには「ワイドハイター EXパワー」をW使い。シミに液体タイプをつけてから、泡タイプを重ねづけします。

ワイドハイターEX パワー ガンコなシミ用(花王)

汚れはこう落とす！ 洗濯の役立つトリビア

これまでやっていた方法がじつは汚れをとどまらせていたり、衣類を縮ませる原因になっていたかも!?

「黄ばみをなくす スゴい方法」

かるい黄ばみには衣類用の漂白剤をつけて20〜30分放置してすすぎ、洗濯機で洗います。すすいだ時点で黄ばみが残っている場合は、ウタマロ石けん（P.43）をつけてもみ洗いしてから洗濯機へ。

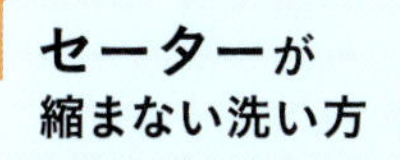

「セーターが 縮まない洗い方」

ウールセーターの縮みの原因は、濡れた時の温度差。たとえば、浴槽の残り湯（ぬるま湯）で洗濯すると、寒い季節に干せば温度差が出てしまいます。必ず冷水で洗いましょう。

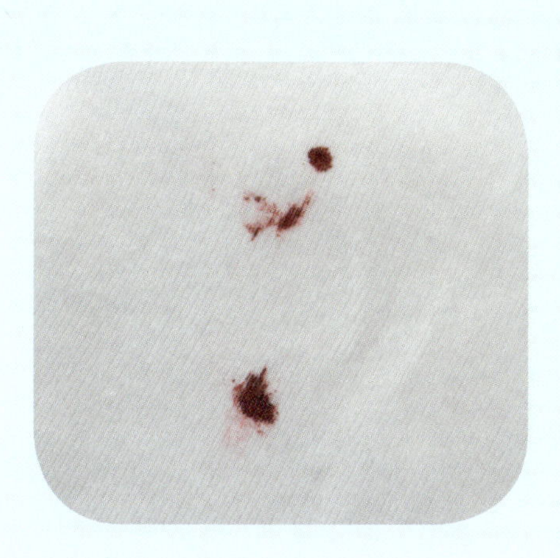

「血液汚れは、お湯で洗ってはいけない！」

血液はお湯で洗うと血が固まり、衣類の繊維の中にとどまってしまいます。まずは、水を流しながらもみ洗いをして、血液を外に出しましょう。それでも取れない場合は、衣類用漂白剤で浸け置き洗いを。

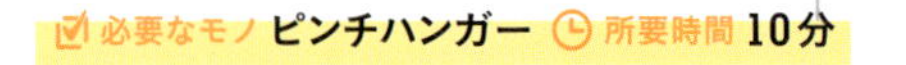

必要なモノ ピンチハンガー 所要時間 10分

洗濯物全体に
風が通りやすい！

逆アーチに吊るすと、
乾く時間が短縮。

洗濯ハンガーでびっしり洋服を干してもまんべんなく乾く場合と、そうでない場合があります。それは干し方に違いがあるから。ハンガーの外側から長いモノを干し、中央になるにつれて短いモノを干します。たとえば、フェイスタオルやストッキングなどは外側、子ども用のTシャツや下着などは内側。そうすることで、風がハンガー全体に回り、均一に乾いてくれます。

みけままさんのこだわり

厚手のパンツやスカートを干す時もピンチハンガーを活用

洗濯ハンガーには干しにくいと思われがちな大人用のパンツやスカートは、筒干しをすればOKです。パンツやスカートのウエスト部分を4か所ずつ留めます。そうすれば、内側にも風が回り、乾きやすくなります。

必要なモノ オキシクリーン（または酸素系漂白剤）、たらい　所要時間 5分（漬ける時間は除く）

生乾き臭は、"オキシ漬け"で撃退！

酸素系漂白剤でも、
代用できます。

タオルの生乾きのいやな臭い。どんなにしっかり洗っても取れない場合は、落ちきらない汚れの菌が蓄積している状態です。その菌を取り除くのに最適なのが、酸素系漂白剤「オキシクリーン」。50℃前後の湯にオキシクリーンをよく溶かして漬け置き洗い。漬けたオキシクリーンをそのまま洗濯機に入れ、洗濯洗剤を入れてあとは通常通り洗濯するだけです。臭いの元が断たれ、気持ちのいい洗い上がりに。

みけままさんのこだわり

「オキシ漬け」はキッチン周りのガンコな汚れにもおすすめ

茶渋がついたプラスチックのポットや陶器のカップ、油汚れがついたホーローのケトルなどもオキシ漬けできれいになります。湯の温度は50℃前後が鉄則。

オキシクリーン（グラフィコ）

タスカジさん太鼓判！

「掃除・洗濯」おすすめアイテム

なかなか手が届きにくいトイレの縁裏やキッチンの油汚れなど、
「掃除しにくい」を変えてくれるお助けアイテムをみけままさんに教えてもらいました。

縁裏にしっかり届く！

SLIMトイレブラシ

マーナ　¥1,317

ブラシの先が、カーブのついた柄と卵型の珍しいフォルムで縁裏にしっかりフィットし、今まで届かなかった汚れを落とします。邪魔にならないスリムな設計なのもうれしいポイント。

RECOMMEND

細かいところまで
隅々掃除ができる
ブラシです。

みけままさん

掃除のエキスパートが考案

超人たわしZ

茂木和哉　¥429

水につけてこするだけでもよく落ちる、抗菌タイプのプロ仕様ナイロンたわし。柔らかく薄いたわしで、手にフィットしやすくタスカジさんの間でも愛用率高し。超微粒子の研磨剤配合だから、キッチンの換気扇フィルターなどのガンコな油汚れにも◎。

RECOMMEND

傷をつけずにこ
すれるので安心！
今まで何枚を使っ
てきたでしょう…

みけままさん

高いところでも楽々！
クイックルワイパー ハンディ伸び縮みタイプ
花王　オープン価格

RECOMMEND
冷蔵庫や洗濯機の隙間にも使えて、１台あると重宝します。
みけままさん

柄を伸ばしたら、エアコンの上や天井も手が届くホコリ取りワイパー。４段階に角度を変えられるから、隙間や奥の汚れにも◎。毛足の長い吸着繊維のおかげで、ホコリや髪の毛もスッキリきれいに取れる。

毎日使いでカビ防止
ウィンドワイパー（リセ）
ニトリ　¥129

スクイージーとも呼ばれ、水滴を落としてカビが生えるのを予防。浴室の壁や床、浴槽、鏡などに使う。お風呂上がり前の習慣にぜひ。

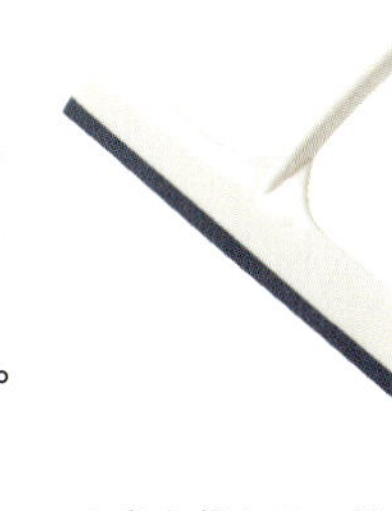

RECOMMEND
ピンクカビがなくなったと、訪問先でも好評です。
みけままさん

RECOMMEND
水洗いして絞っても、破れない丈夫さがお気に入り。
みけままさん

ふきん代わりに使える優れもの！
バウンティ ペーパータオル キッチンホワイト
シービック　¥398（実勢価格）

２枚重ねで、サイズも約28㎝×26㎝と大きい。厚さや大きさの特徴を活かして、ふきん代わりに使えると口コミで人気。

手にはめて使う画期的アイテム！
クリーニンググローブ
フライング タイガー コペンハーゲン　¥324

楽器や写真立てなどオブジェのホコリ取りに重宝。毛足の長いマイクロファイバーなので吸着しやすい。窓の結露取りにも！

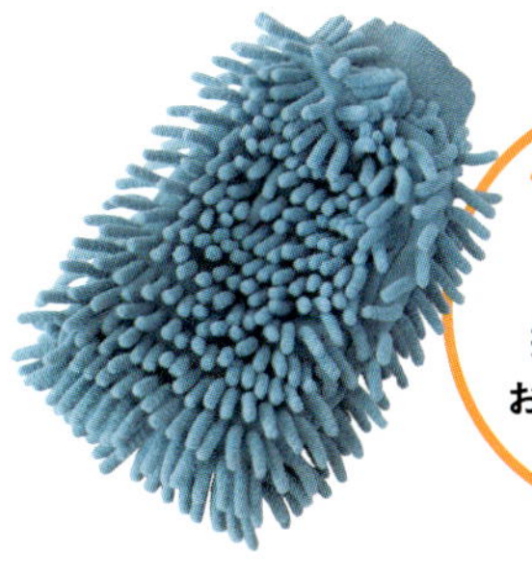

RECOMMEND
タスカジの仕事でも持ち歩くほど、お気に入りです。
みけままさん

多くのお宅を訪問して気づいた!

ホコリが激減する空気清浄機のススメ

みけまま

空気清浄機は365日24時間稼働させていますか？

タスカジを通じてたくさんのお宅にお伺いすると、空気清浄機の残念な使い方をされている人が多いことに気づきました。あるお宅では、外出中は空気清浄機をオフ。また、あるお宅では寝る時と外出中はオフにする。このような使い方では空気清浄機の効果をあまり体感できません。

空気清浄機の効果を最大に活かすポイントは2つです。「24時間つけっぱなしで稼働させること」、「フィルターの掃除をこまめに行うこと」です。空気清浄機は空気を何度もフィルターに通しながら、徐々に空気をきれいにしていきます。短時間つけて、しばらく止めてしまうのを繰り返していると、効果を発揮することができません。

また、空気中に舞っているホコリが床に落ちるのには8時間かかります。今床に落ちているホコリは8時間前のもの。ゆっくりと時間をかけて舞っているので、途中で空気清浄機を止めてしまったらせっかく空気清浄機が吸い取ろうとしていたのを止めさせる行為に。

黒い家具をお持ちの方は、24時間空気清浄機を稼働するだけで、ホコリの違いに驚かされるはず。

そして、風の通り道であるフィルターの掃除も必須です。フィルターで空気中の汚れを取るので、フィルターが詰まっていると汚れが取れず、ただ電源が入っているだけになってしまいます。

24時間ずっとつけっぱなしが基本です！

PART 2

すずきよさんが教える
「料理・作りおき」ワザ

訪問先ではたったの3時間で1週間分の食事を作りおきするすずきよさん。
その量は家族4人分！　手際と味のバリエーション、材料の飽きない使い回しなど、
目からウロコのワザばかりを教えてもらいましょう。

必要なモノ **調理器具、保存容器**　所要時間 **180分**

予算5千円で、4人家族×1週間分を作る方法!

週末のまとまった時間に作れば、忙しい平日の晩ごはんをラクにしてくれる作りおき。食材の選び方で、節約や時短を大きく左右します。必ず買うのが、玉ねぎ、にんじん、じゃがいもの安価野菜トリオ。さらに、きのこやもやし、ねぎ、白菜など、火の通りの早い&カサのある野菜を狙います。肉は、鶏もも・むね肉、合挽き肉を大量に買って、数品に展開。季節の魚を加えられると、主菜の幅がグッと広がります。

すずきよさんのこだわり

作りおき成功の秘訣は、小さく作る&分けて保存!

たとえば、ハンバーグの場合、肉だんごくらいのサイズも作っておきます。朝ごはんやお弁当にもサッと使えますからね。また、水分が出やすいサラダや和え物は、たれと野菜を別々に入れて、「食べる直前に和えてください」とメモを残すことも。

主菜7品、副菜7品 大満足間違いナシの14品が完成!!

お肉たっぷりのハンバーグやロールキャベツに野菜たっぷりのスープなど、バラエティ豊か。
献立の組み合わせは、その日の気分で選ぶだけです。

冷めてもおいしい！ 作りおき定番おかず

夕食はもちろん、お酒のおつまみやお弁当、朝食にも食べたくなるメニューがこちらの7品。タスカジを利用するお宅のご家族にも、大好評のメニューです。

丸ごと揚げれば、肉汁を逃さない!!

鶏ももの一枚唐揚げ

材料

鶏もも肉……1枚
片栗粉……大さじ3
揚げ油……適量
塩……小さじ1/4
こしょう……適宜

作り方

❶鶏もも肉は余分な脂や筋を取り、ペーパーで水気を拭き取る。片栗粉をまぶし、180℃の油に皮から入れ1分、返して7分、さらに7分揚げる。
❷油から取り出し、皮目を上にして置き、油をきる。温かいうちに塩（こしょう）をふる。

野菜も一緒に煮込むのがポイント

煮込みハンバーグ

材料

玉ねぎ……1個（200g）
サラダ油……適宜
合挽き肉……500g
A 塩・小さじ1、こしょう＆ナツメグ・少々、卵・1個、パン粉・大さじ4、牛乳・大さじ2
にんじん……5cm
しめじ……1/4株
小松菜……2本
B ブイヨン・1/2個、トマト缶・大さじ4、水・大さじ4、赤ワイン・大さじ2、砂糖・ひとつまみ
ケチャップ……大さじ1/2
中濃ソース……大さじ1/2
塩こしょう……少々

作り方

❶玉ねぎ2/3はみじん切りにし、フライパンで透明感が出るまで炒める。皿に広げ冷ましておく。
❷ボウルに挽き肉とAを入れ、粘りが出るまでよく混ぜる。小さめの肉だんごサイズ分を手に取り、空気を抜きながら形をととのえる。
❸フライパンを中火に熱し、②を入れ、ふたをしてジュージュー音がするまでそのままいじらずに焼く。こんがりしたら、ひっくり返す。
❹にんじんは5mm厚さの半月切り、しめじは小房に分け、小松菜は5cm長さに切る。1/3の玉ねぎは薄切りにする。
❺④を入れ、Bも加え5分ほど煮る。ケチャップ、ソースを加え、塩こしょうで調味する。

あとは焼くだけ！

そぼろマカロニグラタン

材料（作りやすい分量）

玉ねぎ……1/2個
小松菜……2本
しめじ……1/4株
合挽き肉……100g
バター……20g
小麦粉……大さじ2
水……150g
牛乳……300mℓ
A ブイヨン・1/2個、マカロニ（早ゆでタイプ）・100g、ローリエ・1枚
塩こしょう……適宜

作り方

❶玉ねぎは薄切り、小松菜は5cm長さに切る。しめじは小房に分ける。
❷フライパンにバターを入れ、玉ねぎと挽き肉を炒め、色が変わってきたら、小麦粉をふり入れて1分くらい弱火で加熱する。
❸水を少しずつ加えながらよく混ぜる。牛乳も入れ、A、小松菜、しめじを加え、5分ほど中弱火で煮る。
❹耐熱容器に移し、冷めたらチーズをのせる（作りおきはここまで!）。
（❺食べる時に、220℃に温めたオーブンで10分〜焼き色がつくまで焼く）

30分
ハンバーグのたねを活用
ロールキャベツ
15分
みそマヨとチーズが好相性！
鮭のみそマヨグラタン
20分
子どもも大好き！マイルドな辛さ
チリコンカン
35分
おつまみやお弁当にも大活躍
さばのからし揚げ

材料（6個分）

キャベツ（外側の大きい葉）…… 6枚
ハンバーグのたね（P.54）… 200g
ブイヨン …………………… 1個
ローリエ …………………… 1枚

作り方

❶鍋に湯を沸かし、塩小さじ1（分量外）を入れ、キャベツを1分ゆでたら火を止め、2〜3分置く。冷めたら取り出し、芯の部分をそぎ切りにする。
❷ハンバーグのたねを6等分し、キャベツの葉の中心にのせる。ハンバーグのたねが隠れるくらい片側を折り返し、下から上に向かってくるくると丸める。開いている片側の葉を中に押し込んで形を整える。
❸鍋にすきまなく並べ、キャベツがかぶるくらいの水、ブイヨン、ローリエを加え、ふたをして10分以上煮る。キャベツの色が変わり、しんなりしていれば出来上がり。

材料（2人分）

鮭切り身（皮骨なし）………… 2切れ
酒 …………………………… 大さじ1
塩 …………………………… ひとつまみ
玉ねぎ ……………………… ⅛個
にんじん …………………… 20g
えのき ……………………… 20g
アスパラガス ……………… ½本
A｜みそ・大さじ½、マヨネーズ・大さじ1、酒・大さじ1
ピザ用チーズ ……………… 適量

作り方

❶鮭はひと口大のそぎ切りにし、酒・塩をかけ10分置く。ペーパーで水気を拭き取る。
❷野菜は長さをそろえ、せん切りにする。ボウルに入れ、Aをからめる。
❸グラタン皿に①・②の順に入れ、上からチーズをのせる（作りおきはここまで!）。
（❹食べる時に、220℃に温めたオーブンで10分〜焼き色がつくまで焼く）

材料（2人分）

合挽き肉 …………………… 100g
にんにく …………………… 1かけ
大豆（水煮）……………… 100g
水 …………………………… 1カップ
塩こしょう ………………… 適量
玉ねぎ（みじん切り）……… ⅓個
にんじん（みじん切り）…… 40g
セロリ（みじん切り）……… 30g
しめじ（みじん切り）……… 30g
トマト缶 ……………… ½缶（200g）
A｜ブイヨン・½個、チリパウダー・小さじ1、ローリエ・1枚

作り方

❶フライパンに油、にんにくを入れて火にかける。香りが出たら、挽き肉を炒める。ほぐれてきたら、塩こしょうを加える。野菜も加え、半透明になるまで炒める。
❷トマト缶を追加し、Aを加える。大豆、水を入れて10分ほど煮込む。
❸半分くらい煮詰まったら、塩こしょうで調味する。

材料（2人分）

さば（2枚おろし）………… 1尾分
練りからし ………………… 大さじ1
しょうゆ …………………… 大さじ1
片栗粉 ……………………… 大さじ2〜
揚げ油 ……………………… 適量

作り方

❶さばは中骨と小骨を取ってひと口大のそぎ切りにし、ボウルの中でからしとしょうゆをからめ、20分以上置く。
❷ビニール袋に片栗粉を入れ、①を加え、しっかりと粉をつける。
❸中火で油を温め、全体にカリッとするまで両面揚げる。

必要なモノ キャベツ、にんじん、大根など　所要時間 5分〜

ボリュームある〝割安野菜〟を切らさない。

メニュー選びに迷ったら、味のバリエーションがつけやすく、どんな献立にも展開しやすい野菜を常備しておくと安心。代表的なのがキャベツ、にんじん、大根です。この3つは食べごたえのある日持ち野菜。とはいえ、キャベツ丸ごと1個や大根1本を使いきれるか……と心配される方もいると思います。そんな時は、こちらの使い回しレシピを参考に！　野菜別の下ごしらえテクも合わせて紹介します。

すずきよさんのこだわり

野菜をたっぷり食べられる あえて「カサ減らし」調理法！

野菜はゆでたり、蒸すと、カサ（量）が減るので、たっぷり食べることができます。おすすめは、グリル蒸し（P.62）。使うのは、余り野菜でもOK。野菜を使いきりたい時にぴったりです。また、キャベツや白菜は、塩もみしてかさを減らすのも手。

ついつい余らせてしまう… 野菜の使いきりレシピ

**つい余らせてしまいがちな野菜のレスキューテクを、すずきよさんに聞きました。
味付けがついマンネリになってしまう人は必見です。**

「キャベツ」

炒める前にサッとゆでて、カサを減らします。
量をたっぷり使えば満足度がアップするうえ、
余計な水分が出にくくなり、おいしい炒め物に。

豚とキャベツのみそ炒め

材料

- キャベツ……⅓個
- ピーマン（太めのせん切り）……1個分
- にんじん（短冊切り）……⅓本分（50g）
- 玉ねぎ（太めのせん切り）……⅓個分
- 豚こま切れ肉……200g
- 酒&しょうゆ……各大さじ½
- にんにく&しょうが（すりおろし）……各少々
- サラダ油……大さじ1
- A［水・大さじ2、酒・大さじ1、砂糖・大さじ1、濃縮つゆ・大さじ1、みそ・大さじ1と½、コチュジャン・小さじ1］

作り方

1. 鍋に湯を沸かし、塩小さじ1（分量外）を入れ、キャベツを1分ゆでたら火を止め、2〜3分置く。ざるに上げて冷ましたら、大きめのざく切りにし、水気を絞る。
2. 豚肉は酒、しょうゆで下味をつけ、片栗粉をまぶす。
3. フライパンに油、にんにく、しょうがを入れ、香りが出たら②を入れて炒める。
4. 肉の脇に、にんじん、玉ねぎを入れ、肉はひっくり返す。Aを入れ、沸いたら残りの野菜を加え、強火にして全体を混ぜ、火を止める。

キャベツのごま酢和え

材料

- キャベツ……⅓個
- 油揚げ……½枚
- しめじ……¼株
- 濃縮つゆ……大さじ½
- 水……大さじ2
- A［酢・大さじ3、すりごま・大さじ1、砂糖・大さじ1、塩・ひとつまみ］

作り方

1. 鍋に湯を沸かし、塩小さじ1（分量外）を入れ、キャベツを1分ゆでたら火を止め、2〜3分置く。ざるに上げて冷ましたら、大きめのざく切りにし、水気を絞る。
2. 油揚げは半分に切り、7〜8㎜幅に切る。しめじは小房に分ける。
3. 鍋に濃縮つゆ、水、②を入れ、水分がなくなるまで煮る。
4. ボウルにAを合わせ、①と③を和える。

キャベツとしらすの柚子こしょう炒め

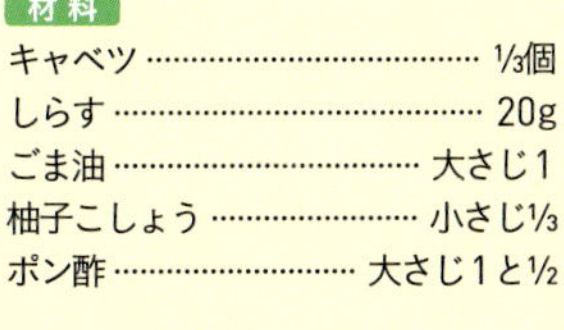

材料

- キャベツ……⅓個
- しらす……20g
- ごま油……大さじ1
- 柚子こしょう……小さじ⅓
- ポン酢……大さじ1と½

作り方

1. 鍋に湯を沸かし、塩小さじ1（分量外）を入れ、キャベツを1分ゆでたら火を止め、2〜3分置く。ざるに上げて冷ましたら、大きめのざく切りにし、水気を絞る。
2. フライパンにごま油、柚子こしょう、しらすを入れて火にかける。香りが出てきたら、①を入れる。全体に油が回ったら、ポン酢を入れてサッと混ぜて盛りつける。

野菜の使いきりレシピ

「にんじん」

まずは、3本のにんじんをスライサーなどでまとめてせん切りにしましょう。切り方が同じでも、味付けの違いで、3種の副菜に!

にんじんしりしり

材料(2人分)

にんじん(せん切り) ……… 小1本分(120g)
玉ねぎ ……… 1/4個
ツナ缶 ……… 1缶
A しょうが(すりおろし)・少々、酒・大さじ1、顆粒だし・小さじ1/2、みりん・大さじ1、塩・少々

作り方

1. 玉ねぎは薄切りにする。
2. 鍋ににんじん、①、ツナ缶、Aを入れ、ひたひたの水(分量外)を加え、野菜がしんなりするまで煮詰め、塩で調味する。

高野豆腐とにんじんの卵とじ

材料(2人分)

高野豆腐 ……… 1枚
にんじん(せん切り) ……… 小1本分(120g)
しめじ ……… 1/4株
水 ……… 300mℓ
濃縮つゆ ……… 大さじ2
酒 ……… 大さじ1
みりん ……… 大さじ1/2
卵 ……… 1個

作り方

1. 高野豆腐はぬるま湯に浸けて戻す。水気を絞り、厚さを半分に切ってから、1㎝幅に切る。
2. しめじは小房に分ける。
3. 鍋に材料をすべて入れ、中火で煮る。材料が半分くらい見えるほど水分が飛んだら、溶き卵を回し入れ、1分ほど煮て火を止める。

にんじんとりんごのサラダ

材料(4人分)

にんじん(せん切り) ……… 小1本分(120g)
塩 ……… 小さじ1/3
りんご(皮ごと) ……… 1/8個
レーズン ……… 大さじ1杯(10g)
A オレンジジュース・大さじ2、粒マスタード・小さじ1、砂糖・小さじ1、オリーブオイル・大さじ1

作り方

1. にんじんをボウルに入れ、塩を入れてしんなりするまで置いておく。
2. 別のボウルに赤い皮が見えるようにせん切りにしたりんご、レーズン、Aを合わせておく。
3. ①のにんじんの水気をしっかり絞り、②に入れてなじませる。レーズンが水気を吸ってふっくらしたら食べごろ。

野菜の使いきりレシピ

「大 根」

生でも煮てもおいしいのが、大根の魅力。味が似てしまう煮物には、切り方を変えて変化をつけます。和風だけでなく、洋風にも。

大根のサッと煮

材料（2人分）

大根……1/3本
しらす……20g
A｜昆布茶・小さじ1/2、塩昆布・ひとつまみ、酒・大さじ1/2
しょうゆ……少々

作り方

❶大根は皮をむき、3mm厚さの半月に切り、5分ほど下ゆでする。
❷鍋に①、しらす、Aを入れ、ひたひたの水（分量外）を加え、5分〜煮る。
❸味をみて、しょうゆで仕上げる。

いろいろ野菜のピクルス

材料（2人分）

大根……1/3本
にんじん……1/3本
セロリ……1/4本
きゅうり……1/2本
オリーブオイル……大さじ1/2
塩……ひとつまみ
ブイヨン……1/2個
A｜砂糖・大さじ3、酢・100mℓ、水・50mℓ、ローリエ・1枚、こしょう・少々、タイム・少々

作り方

❶大根は皮をむき、5cm長さの拍子木切りにする。他の野菜も同じ長さに切る。
❷Aは合わせておく。
❸フライパンを熱し、オリーブオイルを入れ、野菜をかるく炒める。塩、砕いたブイヨンを加える。②に数時間漬け込んだら完成。

さば缶と大根の煮物

材料（2人分）

大根……1/3本
さばのみそ煮缶……1缶
A｜しょうが（すりおろし）・1かけ分、みりん・小さじ1、めんつゆ・大さじ1
しょうゆ……小さじ1

作り方

❶大根は乱切りにし、米のとぎ汁でゆでる。水洗いして、ぬかを洗い流す。❷鍋に①、みそ煮缶、Aを入れ、材料が隠れるくらいに水を入れ、5分煮る。アクを取ったらしょうゆを加え、5分〜煮る。とろみがついたら火を止める。

☑ 必要なモノ しょうが、ラップ ◷ 所要時間 5分

すりおろしたり、
スライスのほか、
せん切りにしても便利!

乾燥しやすいしょうがは、すぐ使える状態で冷凍。

食材は上手に冷凍保存しておくと、調理の手間がぐんと時短に。たとえば、しょうがなら、「すりおろし」と「皮付きのまま薄切り」で、2パターン冷凍しておきましょう。そうすると、「すりおろし」は冷や奴や炒め物などに、「薄切り」は煮魚の臭み消しにと用途に合わせてすぐ使えて便利です。きのこ類はほぐして生のまま冷凍すれば、炒め物や煮物、みそ汁などに活用できます。

すずきよさんのこだわり

肉類を冷凍する時は、「下味漬け」にしてから!

肉は、下味をつけて冷凍すると、解凍後の調理が短縮。おすすめは、【にんにく+長ねぎ(みじん切り)+塩+こしょう+ごま油】。豚肉や鶏肉にぴったり。余り野菜と炒めたらそれで1品完成。メニューが決まっていない場合は、塩+酒だけして冷凍庫へ!

おいしく長持ち！ 野菜保存の裏ワザ

野菜を長持ちさせる方法を知っておけば、「早く使いきらなきゃ」というストレスもなくなります。冷凍できるモノは、2〜3週間を目安に保存しましょう！

すぐ水っぽくなる…

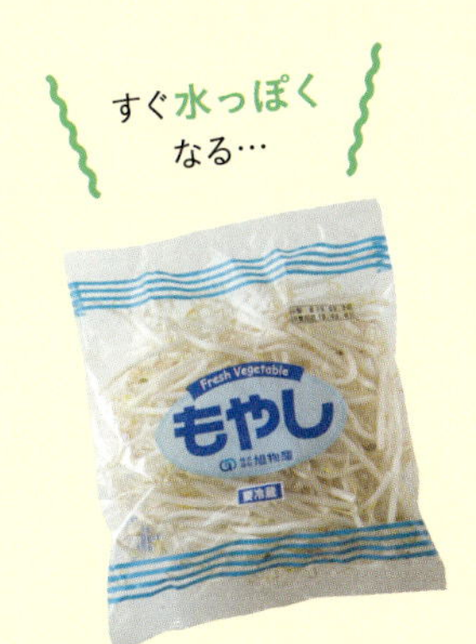

もやし

冷蔵○ 冷凍◎ 常温×

冷蔵の場合は2日が限度。ゆでて、水気をかたく絞っておくのがおすすめ。冷凍の場合は、袋のまま保存。

キャベツ

冷蔵◎ 冷凍○ 常温×

包丁で切ると断面から色が変わっていくので、葉をむきながら使うと長持ち。冷凍は生のまま使いやすいサイズにちぎって冷凍庫へ。

しなっとする…

気づいたらカビが…!?

かぼちゃ

冷蔵◎ 冷凍○ 常温△

冷蔵の場合はわたと種を取り除いて、ラップをして冷蔵庫へ。冷凍は生のままひと口大に切る。丸ごと1個の場合のみ常温保存は可能。

カッサカサ！

しょうが

冷蔵◎ 冷凍○ 常温×

好みに切ってラップで包み、冷凍庫へ。すりおろす場合は水分が多いのでステンレスのトレーに入れると安心。

なんとなく黒ずんで…

しそ

冷蔵◎ 冷凍○ 常温×

冷蔵はしその芯を濡らし、濡れたキッチンペーパーで包んでから密閉保存する。冷凍はざく切りして冷凍庫へ。

必要なモノ ホイル、魚グリル（なければオーブントースター） 所要時間 8分

余った野菜は、グリル蒸しで1品に！

もう1品おかずが欲しい時には、「野菜のホイル蒸し」に決定！ 冷蔵庫にある好きな野菜を食べやすい大きさに切って、アルミホイルで包んで魚焼きグリルへ。ホイルをしているおかげで、「焦げないか……？」と気にする必要はありません。コンロが他の料理でいっぱいになっていても大丈夫です。グリルから取り出したら、ホイルを斜めに傾けて水分を捨てるのがポイント！ あとは味付けするだけ。

かんたんレシピメモ

和風　かんたん浅漬け（中）
洋風　いろいろ野菜のピクルス（左）
中華風　ラーパーツァイ（右）

作り方 好みの野菜は細かく切り、塩、水をふってホイルに包んで魚グリルで5分ほど蒸し焼きにし、出た水分をホイルごと傾けて水気をきる。和風は、昆布茶、塩昆布を。中華風は、蒸す時にごま油も加え、酢、砂糖、塩、唐辛子（輪切り）をそれぞれ和えてなじませれば完成（洋風はP.59）。

味付けは3通り！

必要なモノ 鍋、ざる　所要時間 12分

ゆで時間大幅短縮！ポテサラは角切りでもいい！

時短用のポテトサラダは、卵をゆでている鍋に、角切りのじゃがいもとにんじんを時間差で投入。ゆで上がったら、マッシャーでつぶしません！　同じように角切りしたきゅうりとみじん切りの玉ねぎ、ハムと一緒に和えます。つぶさない分、食感が楽しめるポテトサラダです。鍋ひとつで全部ゆでるから、洗い物は最小限で時短。野菜はしっかり水きりしてから調味料を混ぜると、味がぐんと染みておいしいです。

かんたんレシピメモ

食感が楽しい！

つぶさないポテサラ

材料 じゃがいも・150g、にんじん・50g、きゅうり・½本、玉ねぎ・20g、卵・1個、好みのドレッシング・大さじ1、マヨネーズ・大さじ2、塩・小さじ1

作り方 ❶塩を入れた湯で卵を5分ゆで、1㎝角に切ったじゃがいも、にんじんを加え、さらに5分ゆで、卵は殻をむいて1㎝角に切る。❷ボウルに1㎝角に切ったきゅうり、みじん切りにした玉ねぎ、塩ひとつまみを混ぜて水気が出たら絞る。❸①、②、調味料をすべて和える。

必要なモノ 鍋 所要時間 10〜25分

忙しい夜に頼るのは、
鍋ほったらかしメニュー！
材料入れて
火にかけたら、
手がかからない！

訪問先で、私が短い時間の中で何品も調理できるのは、この「鍋ほったらかしメニュー」があるから。調理の途中で調味料をさ・し・す・せ・その順番で加えたりはしません。基本的には、最初にすべての材料を鍋に入れて、水分がなくなるまで煮込んだらでき上がり！ 難しいことがないんです。仕事で疲れて帰ってきた日も鍋に入れるところまではがんばって、後はほっておけばよし。作りおきで作るのも◎。

すずきよさんのこだわり

〝サボれる〟調理なのに、味のバランスを吟味したレシピ

ほったらかしでもおいしく仕上がるのは、調味料の組み合わせと肉の下ごしらえ。鶏手羽元のコーラ煮は、大根を下ゆでしてから煮込みます。鶏ハムは砂糖をもみ込むことで、しっとりした仕上がりに。ちょっとのコツですが、仕上がりを左右するポイントです。

ほっとくほどおいしくなる！ 鍋まかせのおかず

味付けや食材次第でいろんなバリエーションが作れる、鍋まかせのおかず。
コーラ煮やスープは、豚肉でもおいしくできます。

調味料もシンプルで楽々！

鶏手羽元のコーラ煮

材料（4人分）

鶏手羽元……8本
大根……1/4本
コーラ……200mℓ
しょうゆ……大さじ3
にんにく……1かけ

作り方

❶大根は乱切りにし、下ゆでしておく。にんにくは包丁の腹でつぶす。
❷鍋に材料をすべて入れ、火にかける。沸騰したら丁寧にアクを取り、10分くらい煮る。汁にとろみがついたら火を止める。

*手羽元が平らに並ぶ鍋を使用すること。こんにゃくなどを加えてカサ増ししても。

保存も効くから作りおきにも◎

しっとり鶏ハム

材料（1本分）

鶏むね肉……1枚
砂糖……大さじ1と1/2
塩……小さじ1
こしょう……少々

作り方

❶鶏むね肉は中心から観音開きにし、1cm厚さになるよう切り開く。
❷ボウルに移し、調味料を入れよくもみ込み、30分以上置く。
❸ラップを使い、筒状になるよう丸める。さらにラップで包み（二重にする）、ビニール袋に入れ、なるべく空気を抜いて口をしばる。
❹大きめの鍋にたっぷり湯を沸かし、③を入れる。再沸騰したら弱火にし15分ゆでる。火を止め、そのまま湯の中で余熱を通す。

*ゆでる時、水面から出てしまうようなら、皿などをのせて、重しにする。

おかずになるほど具だくさん！

豚の塩鍋風スープ

材料（4人分）

豚バラ肉……200g
酒……塩（下味用）・少々
片栗粉……適量
きのこ類……1パック～
白菜……1/4株
長ねぎ……1本
水……4カップ（800mℓくらい）
だしパック……2袋
しょうが（スライス）……4～5枚
酒……大さじ1
塩……大さじ1～

作り方

❶鍋に七分目の水を入れ、だしパック、ほぐしたきのこ、しょうがを入れ、弱火で温める。
❷白菜は食べやすい大きさに切り、長ねぎは斜め薄切りにする。
❸豚肉は酒と塩少々で下味をつけ、10分ほど置く。片栗粉をまぶす。
❹①の色、香りがでてきたら、酒・塩を加える。野菜を加え、やわらかくなるまで煮る。
❺だしパック、しょうがを除き、③を入れて火が通ったら完成。

*うどんや雑炊にしてもおいしい。

必要なモノ 片栗粉、ボウル（もしくはポリ袋） 所要時間 10分

鶏むね肉は、片栗粉で
うそみたいにプリプリ☆
長く漬け込まずに、
ジューシーに
仕上がるワザ！

コスパがよいことから、訪問先からもリクエストの多い食材が、やっぱり「鶏むね肉」。パサつくイメージがありますが、下味と片栗粉をまぶせば、揚げても焼いてもふっくらと仕上がるんです。その秘訣は水分。パサつきがちな鶏むね肉に下味で水分を補ってから、片栗粉をまとわせて水分を閉じ込めます。とはいえ、長く漬けなくても大丈夫。この工程によって、ふっくらとジューシーに仕上がるのです。

すずきよさんのこだわり

鶏むね肉をジューシーに仕上げる切り方のコツとは？

鶏むね肉は観音開きに切ってから、厚さ1㎝ぐらいの「そぎ切り」にすること。焼く場合も揚げる場合も同じです。断面を広く、厚さを1㎝に抑えることで火の通りが早くなり、加熱しすぎて固くなるのを防ぎます。ひと口大なのも、うれしいですよね。

今夜からスタメン入り! ほめられる鶏むね肉レシピ

どちらもプリッとジューシーな食感に驚くこと間違いなし!
唐揚げは下味の水気をきってから片栗粉をまぶせば、カロリーセーブにもなります。

もも肉よりさっぱり食べやすい!

鶏むねの唐揚げ

材料(2人分)

鶏むね肉……1枚
塩麹……小さじ1
焼肉のたれ……大さじ2
片栗粉……大さじ3〜
揚げ油……適量

作り方

❶鶏むね肉は中心から観音開きにして、1cm厚さにし、ひと口大のそぎ切りにする。
❷ボウルに入れ、塩麹、焼肉のたれをからめ、よくもみ込み、20分以上置く。
❸かるく汁気をきって、ポリ袋に入れた片栗粉をしっかりとまぶし、170℃の油で揚げる。ひっくり返すのは2分ずつ×両面が目安。

* 鶏むね肉が固くなるのは、加熱しすぎも原因のひとつ。火通りをよくするためにそぎ切りに!

つるんとした食感が大人気

鶏むねの梅しそ煮

材料(2人分)

鶏むね肉……1枚
A 塩・小さじ¼、酒・大さじ1、片栗粉・大さじ2
しそ……10枚
サラダ油……大さじ1
B 梅肉チューブ・大さじ1、酒・大さじ2、濃縮つゆ・大さじ1、みりん・大さじ1

作り方

❶鶏むね肉は観音開きにし、1cm厚さのそぎ切りにする。Aに漬け込み、10分ほど置く。
❷しそはせん切りにして水にさらす。3分ほど置いたら、水気をきる。
❸フライパンに油を熱し、①に片栗粉をまぶし、中火でふたをして両面2分ずつ焼き、Bを入れふたをして1分、外して1分、混ぜながらからめる。皿に盛り、②を添える。

必要なモノ 包丁、まな板、嫌われ野菜、調味料　所要時間 5分

子どもや夫の〝嫌われ野菜〟は、味付けが勝負。

「うちの子、野菜を全然食べないので、何を作ったらいいんでしょう……」と聞かれることがあります。そんな時は、お子さんが好きな味付けで数品作るようにしています。そうしたら、全部を完食してくれたとのこと。お母様も大変驚き、喜んでいらっしゃいました。お子さんが好きな味付けの定番は、「ケチャップ」、「カレー粉」、「マヨネーズ」。この3つのどれかを主役にして味付けすれば解決です。

ゴロゴロ野菜は避けて、切り方をチェンジ！

大人にとっては香りがよい野菜も子どもには敵。細かく刻んだり、薄切りにするほか、カレーならすりおろすのも手。

もりもり食べる！ 嫌われ野菜の変身レシピ

マヨネーズだけ、ケチャップだけでは単調になってしまうので、さらに加えて作るのがすずきよ流。とくに、ごまドレッシングやトマト缶はあると便利な合わせやすいアイテムです。

ピーマン→細切り ＋ マヨネーズ&ごまドレ

野菜とちくわのごまマヨ炒め

材料（4人分）

- ちくわ……4本
- にんじん……5cm長さ
- ピーマン……2個
- マヨネーズ……大さじ1
- ごまドレッシング……小さじ2
- しょうゆ……少々
- かつお節（もしくはすりごま）……適量

作り方

❶ピーマンは繊維に沿って細切り、にんじんはせん切り、ちくわも同様に切る。
❷フライパンにマヨネーズを入れ、①を加え、中火で炒める。
❸野菜がしんなりしたら、ごまドレッシングを加え、サッと混ぜたら、しょうゆを加えて火を止める。かつお節（すりごま）をまぶす。

セロリ→みじん切り ＋ トマト缶&ケチャップ

みんなのミートソース

材料（4人分）

- 玉ねぎ……100g
- にんじん……50g
- セロリ……20g
- しめじ……¼株
- 小松菜……2本
- 合挽き肉……150g
- 塩こしょう……適量
- にんにく（みじん切り）……1かけ
- オリーブオイル……大さじ1
- [Aトマト缶・½缶（200g）、ブイヨン・½個、ローリエ・1枚、水・1カップ]
- ケチャップ&ソース……各大さじ½

作り方

❶野菜は、すべてみじん切りにする。
❷フライパンにオリーブオイル、にんにくを入れ、弱火で香りを出す。挽き肉を入れ、色が変わるまで炒める。塩こしょうを加える。
❸①を入れ、透明感が出るまで炒める。Aを入れて煮る。木べらでかいた時、フライパンの底が見えるようになったらケチャップ・ソースで調味する。

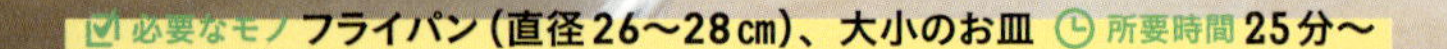

必要なモノ フライパン（直径26〜28㎝）、大小のお皿 所要時間 25分〜

せいろがなくてもできる、楽しいフライパンの蒸し方。

蒸せるようになると、料理がぐ〜んと楽しくなる！

蒸し料理は、フライパンでできます。とくに難しいと思われがちなシュウマイも、とても手軽でかんたん！　用意するのはフライパンとふた、フライパンよりひと回り小さいお皿、土台にする小皿、クッキングシート。どんなご家庭にもあるものだけです。フライパンは直径が26〜28㎝のものを選べば、シュウマイを一度に30個ほど蒸せます。肉だね作りも、皮に包むのも難しくありませんので、ぜひ今夜のおかずに。

すずきよさんのこだわり

フライパン蒸しをマスターすれば アレンジ料理にも挑戦！

おすすめは魚蒸し。酒と塩をふった金目鯛（または好みの白身魚）を蒸し、その間にたっぷりの長ねぎをごま油で炒めます。蒸し上がった魚の上にアツアツのごま油ごとジュ〜ッとかけます。ふっくらとした魚とごま油の香ばしさがとてもよく合いますよ。

すずきよ流! フライパン・シュウマイの作り方

**肉だねに野菜を加えたあとは、混ぜすぎないように注意しましょう。
皮1枚につき、大さじ1ほどの肉だねを包んで、30個作れる分量です。**

材料(シュウマイの皮1袋分・約30個)

豚挽き肉……400g
玉ねぎ(みじん切り)……小1個分(100〜150g)
えのきだけ(みじん切り)……20g
片栗粉……大さじ2
シュウマイの皮……1袋
塩……小さじ1弱
こしょう……少々
酒……大さじ1
砂糖……小さじ½
しょうゆ……大さじ½
オイスターソース&ごま油……各大さじ½

① ボウルに挽き肉、調味料をすべて入れ、粘りが出るまでよく練る。

② 玉ねぎ、えのき、片栗粉を加え、サッと混ぜる。

③ 大きめのフライパンに2㎝ほど水を張り、小皿→大皿の順に重ねて置く。クッキングシートをしいておく。

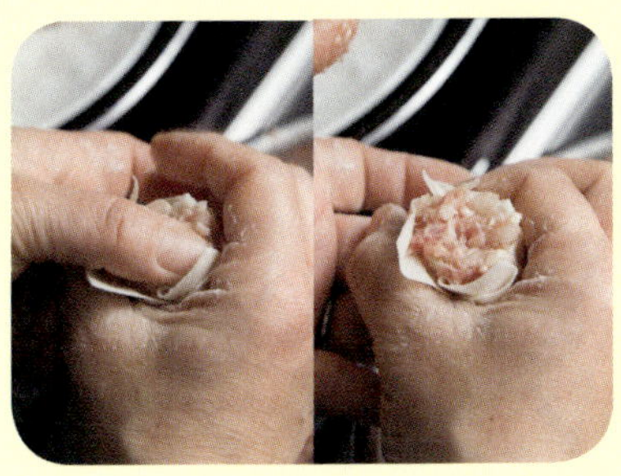

④ シュウマイの皮に②をのせ、親指と人差し指で包みながら、上下を平らにならす。③の皿に並べる。

⑤ ふたをして中火で12分蒸す。

必要なモノ 保存びん、調味料　所要時間 3分

冷蔵庫で
1週間ほど保存可能。

南蛮だれ
↓
酢4：みりん2：しょうゆ2：砂糖1

甘辛だれ
↓
酒1：みりん1：しょうゆ1：砂糖1

味付けに迷わなくなる「魔法のたれ」。

料理をしながら焦ってしまう方は、これから紹介する2種類の合わせだれを覚えておくと便利です！ さっぱりとした「南蛮だれ」は、酢、みりん、しょうゆ、砂糖に、鷹の爪を加えます。唐揚げや揚げなす、炒め野菜を漬けると、油っこさが和らぎます。「甘辛だれ」は、酒とみりん、しょうゆ、砂糖すべて同量を合わせるたれ。煮物のベース、肉や魚の照り焼きなど、ご飯がすすむ和風味に仕上がりますよ。

かんたんレシピメモ

南蛮だれ → 鶏唐揚げの甘酢風

作り方 鶏ももの一枚唐揚げ（P.54）を食べやすい大きさに切り、揚げた野菜（れんこんやピーマン）と一緒に、南蛮だれに30分ほど漬ける。

甘辛だれ → 油揚げの丸ごとロール煮

作り方 鶏ひき肉を練って、つくねのような肉だねを作り、開いた油揚げに広げて筒状に巻く。フライパンで全面焼き付けてから、甘辛だれを加えて煮からめる。

必要なモノ 鍋　所要時間 15分

ほっとくだけで作れるヘルシーな野菜スイーツ。

訪問先でも大好評！
自然な甘さで、
つい手がのびる。

野菜の煮物ではなく、れっきとしたスイーツ。ほったらかしてコトコト煮るだけなのに、「こんなにもおいしいのか!?」と驚かれるのがさつまいもとかぼちゃです。どちらも最初に材料を入れて火にかけるだけ。手がかからず、晩ごはんの支度をしながらでも作れるし、何だかなつかしくて優しい甘さ。食後のデザート、作りおきおやつにすると喜ばれます。さつまいもには、お酢を入れると煮くずれを防ぎます。

かんたんレシピメモ

揚げない大学いも

作り方 鍋に、ひと口大に切ってアク抜きしたさつまいも、ひたひたの水、酢、砂糖、油を加え、ふたをして10分煮る。ふたを外し、とろみがついたら、ごま塩をふる。

かぼちゃのミルク煮

作り方 鍋に、ひと口大に切ったかぼちゃ、牛乳、砂糖、バター、塩を加えてふたをし、弱火で5分煮る（煮詰めすぎるとパサつくので汁気を残す）。煮詰めたらシナモンパウダーをふる。

タスカジさん太鼓判！
「料理・作りおき」おすすめアイテム

依頼者のお宅に訪問して料理する時は、基本的にはその家庭にあるモノで調理をします。あらゆる家庭の台所に立ってきたタスカジさんが推薦したい、便利グッズを教えてもらいました。

ひとつで何役も！
White Series レクタングル深型
野田琺瑯　¥1,250～

今年で創業84年。栃木に工場を構える野田琺瑯の看板アイテム。ホーローは酸に強く、においや色移りしにくいのが特徴。さらにそのまま直火やオーブンにかけることもでき、保存容器から調理器具、食卓の器としてもマルチに使える。

RECOMMEND
そのまま火にかけて温められるから、汁物の作りおきに！
すずきよさん

作りおきの保存の大定番
パック＆レンジ システムセット
iwaki　¥5,400（単品¥756～）

中身がクリアに見えるガラスのふた付き保存容器。冷蔵庫に入れても、ひと目でわかるから作りおきにぴったり。重ねて収納できるので、見た目もすっきり。ふたのまま電子レンジで加熱したり、ふたを外せばオーブン調理にも対応。いろいろなサイズのセットなら、あらゆるシーンで重宝する。

RECOMMEND
油やソースのこびりつきも、スルッと洗えるところが◎。
すずきよさん

三角コーナーをスッキリさせる

ポリ袋スタンド

ニトリ　¥498

4か所のフックにポリ袋や水きりネットをかけて使う、折りたたみ式のスタンド。しっかりと開き口が固定されるから、ゴミを捨てやすいと評判。また、洗ったペットボトルやマグカップ、ジップ付きポリ袋をかけておいて自然乾燥をするのにも◎。

RECOMMEND
ステンレス製なので、ヌルヌルしても洗いやすい！ストレスフリーになりました。
すずきよさん

つるんと殻がむける感動！

たまごのプッチン穴あけ器

ザ・ダイソー　¥108

まず、突起の部分にゆでる前の卵をセット。押すと小さな針で穴を開ける。穴が空いた状態で卵をゆでると、殻が気持ちいいぐらいにつるっとむける。針の部分は安全装置でロックできるので、小さいお子さんがいる家庭でも安心。

RECOMMEND
卵の殻をきれいにむけ、時間も圧倒的に短縮できます！
すずきよさん

レンジ調理の強い味方！

スチームケース

ルクエ　¥4,104

食材や調味料を入れて電子レンジで調理するシリコン製の容器。シンプルな蒸し料理のほか、パスタをゆでたり、煮物や炊飯も可能。また、シリコンは汚れがこびりつきにくいので、洗うのも手間がかからないというメリットも！

RECOMMEND
お皿にラップをしてチンするよりも、格段においしくなると評判です。
すずきよさん

缶詰さえあればなんとかなる!

買い物に行く時間がない時のレシピ

すずきよさん

疲れて帰ってきた日や作りおきにも欠かせない缶詰

訪問先でも常備をおすすめしているのが缶詰です。仕事で遅く帰ってきてすぐに食事にしたい時や買い物に行けなかった時でも、缶詰があれば冷蔵庫にある野菜と合わせるだけでサッと1品作れます。

中でも使いやすい4つの缶詰をご紹介します。

トマト缶…ミネストローネやミートソース、煮込みハンバーグの味付けなどお子様が好きなメニューが作りやすいのが特徴です。また、カレーやビーフシチューに足すとコクが出ます。1缶使いきらなくても、半分残して冷凍すればちょっと使いたい時にも便利。

大豆缶…手間のかかる下処理がいらないのが重宝するポイント。五目豆、チリコンカン、スープやサラダに◎。訪問先の作りおきにも活用しています。

ツナ缶…炒め物に味付けとして使うと風味がぐんとよくなります。油ごと使ってドレッシングにするとシンプルなサラダのアクセントになります。

さばみそ缶…水煮缶もいいですが、大根と一緒に煮ればすぐ1品でき上がるみそ煮がおすすめです。

これらの缶詰に加えて、味のバリエーションがつけやすく、日持ちする野菜（P56）を常備してあれば完璧！ さらに、玉ねぎやじゃがいももあると便利です。

冷蔵庫に何もない!!
でも、手作りが食べたい!
という時に大活躍

PART 3

サニー春さんが教える

「整理収納」ワザ

整理収納のコツはグループ分け。家の中のモノは、それぞれ必ずどこかのグループに属しています。グループ分けをしたものを、配置する場所を決めて収納していけば、家中スッキリ！　整理収納で人気を集める、サニー春さん流のお片付けワザを紹介します。

必要なモノ 自分のカバン　所要時間 5分

まずカバンの中を整理すると、
どんどん片付けモードに！
最低、週1回は
ぜんぶ出して
リセット。

ホテルのきれいなラウンジにいると気持ちがよいと感じるように、すっきりと整えられたモノは気持ちがいいです。その感覚をまず自分の身近なモノで味わってほしいと思います。それがカバン。ゴミや不要なレシートを捨てて、すっきりとしたカバンをまた翌日もきれいにしていく。いるモノといらないモノの判断がカバンという小さな世界でできると、家の中の片付けもメキメキとやっていけるようになります。

サニー春さんのこだわり

ポーチさえあれば、カバンの中が勝手に仕分け

私のカバンの中はポーチだらけ！　サイズを使い分けます。たとえば、仕事用のスリッパを入れるのは大きなポーチ。名刺サイズの小さなポーチは飴やガム入れ。カバンの中をゴソゴソ探さず、いつもスッキリしているのはポーチのおかげです。

〝全出し〟すれば、片付けの流れがわかる！

整理収納で大事なことは、最初にすべて出すこと。ひとつずつ取り出して、要不要の判断はしないこと。カバンの中身を俯瞰で見ることで、不要なモノが見えてきます。

マイクロファイバーのクロスは大事な仕事道具。仕事時はマストでカバンに。

前日使ったものは夜に洗濯カゴに入れ、新しいハンカチを夜のうちにセット。

ペットボトルに茶葉と水を入れて水出し茶として、前日の夜にセットしておく。

軽くてコンパクトなエコバッグ。チェックの色の組み合わせがお気に入り。

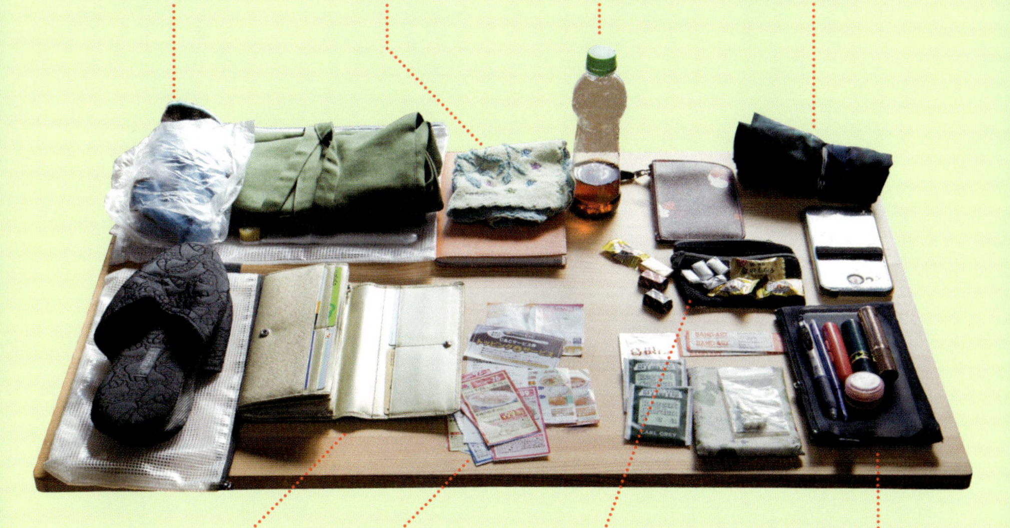

財布は常に薄くすっきり。普段不要なカードは家の中で保管(P.80)。

飲食店の割引券。チェーン店だとどこの駅でも使える頻度が高いので重宝。

ついバラバラになりがちな飴やチョコは小さなポーチに入れて持ち歩く。

リップやグロスと一緒に印鑑も同じポーチに。縦長のポーチを愛用。

モノがごちゃごちゃする理由

1 しまうことだけを〝片付け〟と認識

無作為にしまうだけでは、すぐに散らかってしまいます。どこに置くかが重要です。まず、先に置き場を決めましょう。

2 〝自分の行動〟とモノが結びついていない

家の中のモノは必ずどこかのグループに属しています。グループごとに配置した収納を心がけると、余計なストレスも軽減。

3 〝決算〟をしない ➡過剰在庫に…

収納できるスペースは有限です。モノを増やしたい場合は、まずスペースを作ることが先決。それを心に留めておきましょう。

なんでもかんでも、
用途別でグループ分け。

無理やりにでも、
仕分ける
〝クセ〟をつけて！

☑ 必要なモノ あちこちに散らばったカードサイズのモノ、輪ゴム、ケース ◷ 所要時間 10分

私が片付けをする理由は、「探しものをしないため」。探しものって時間が取られて面倒ですよね。一番なくしがちなのが、診察券、会員証などのカード。すべてのカード類をしまう場所を1か所に決めましょう。そして、用途別に輪ゴムで留めてかごへ。そうすれば、「ここになければ再発行」という行動がわかり、無駄に探す必要なし。どんなにカードが増えても、輪ゴムで留めた中から探せばいいだけです。

財布に入れておくのは、
最小限のカードだけ！

P.78でやったように財布の中身を出してみると、半年も一年も（!?）使わないカードを入れている場合も。カバンを整理するタイミングで見直せば、お財布もスッキリ。私の場合、よく立ち寄るお店のポイントカード3枚と電子マネーのカードだけ。

散らかりやすい3大アイテムの処理ワザ

後で片付けようと思ってついためてしまいがちなモノは、できるだけすぐにしまうクセをつけるのが散らかりを防ぐカギ。ゴミ箱の近くで処理するのが、サニー春さん流。

封筒が届いたら…

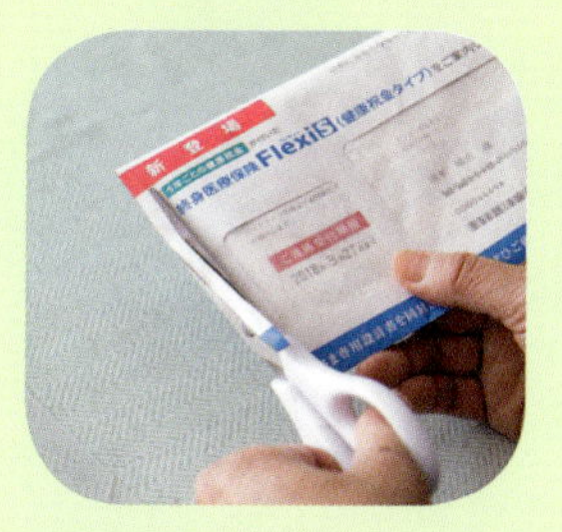

ゴミ箱のそばで開封します。そうすれば不要なモノはすぐに捨てられて、わざわざゴミ箱まで持っていく手間が省けます。

書類ごとにクリアファイルに入れます。そして、仮置き場へ。山積みになってもいいから1か所に置くことが大事です。

コンビニで買ったら…

コンビニやスーパーでもらうお箸やスプーン、おしぼり。すぐに使うのが理想的ですが、使わない場合は引き出しに。

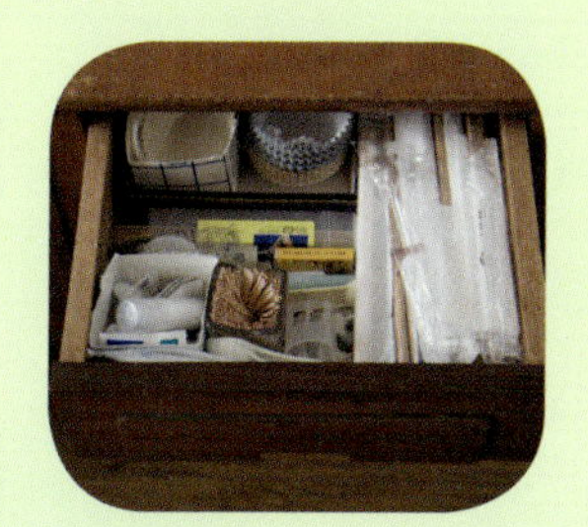

引き出しに入りきれなくなったら捨てます。サニー春家ではあまり使わないので極力もらわないように心がけています。

サンプルをもらったら…

すぐに使うのが私のルール。ためると収納場所も必要になり、モノが増えてしまいます。使わないサンプルはバザー袋（P.83）へ！

洗顔ものは洗面台、乳液だったらスキンケア用品のボックスへ。使う場所に置いておけば、忘れずにすぐ使えます。

家のトリセツです

サニー春さんちの モノのルール全公開！

衣類

洋服

クローゼットの幅に合わせて、量を決める。肌の色や骨格に合わせて選ぶが、ときに失敗も認める（写真のピンクのカットソーは自分に合わなかった……）。

バッグ

同じデザインを色違い、大きさ違いで所有。中身は毎日確認して、空のカバンを同じ場所に引っ掛けておく。

ハンカチ・タオル

ハンカチやタオルは気に入ったモノを使う。頂き物で使わない場合は、感謝を伝えつつ、バザー袋（P.83）へ。引き出しに入る分しか家には置かない。

予備ボタン

洋服を購入して家に持ち帰った時点で、備え付けの予備ボタンは即捨て。ボタンが取れそうになったら早めの補強を心がける。

靴

定期的に見直し、履いていない靴や履きつぶした靴は処分。購入は量販店で十分。何年も取っておくというより、お手頃の靴をまめに買う。

キッチン

食材

購入するのは食品庫のスペースに入る分だけ。主に生協を利用。１か所で購入することでお金の流れが明確化！

食器

食器棚のスペースに合わせて、入る分だけ。どの食事にも使いやすいように、色は白系と藍色の磁器のみ。焼き物系は買わない。

調理器具

「弘法筆を選ばず」の精神で、自分の料理の腕に合わせて少ない数で十分。大は小を兼ねるから、サイズ違いで同じモノは持たない。

保存容器

タッパーは卒業。コンテナ式の保存容器に統一。容器とふたをそれぞれ重ねて収納できるから省スペース。

カトラリー

家族ひとりひとり用に柄を変えたり、お客様用を揃えたりは一切なし。全部同じ柄で10セット揃えておく。

ラップ・袋

「大は小を兼ねる」のでラップは大のみ。ジップ付きビニール袋は使わない。食品の保存にはポリ袋を活用する。

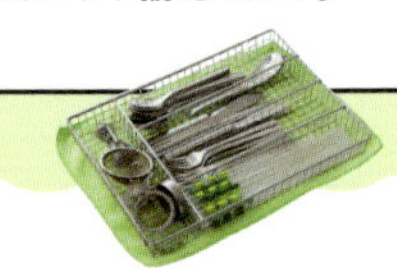

日用品

シャンプー

他のメーカーに変えることもあるので、買い置きをしないことも。詰め替え用は1セットだけ洗面所下に収納。

柔軟剤

基本は使わない。パリパリタオルが好き。冬など、静電気防止のために使うこともある。

洗剤

大量の買い置きはせず、詰め替え用を最低限の数だけ。洗剤は種類多く持たず、必要なモノを見極める。

タオル

収納スペースの大きさにもよるが、ひとりにつき2〜3枚あればよいとする。色は同系色で統一する。

ティッシュペーパー

買い置きはひと袋まで。トイレットペーパーも同様。キッチンペーパーは使わず、ティッシュペーパーで代用。

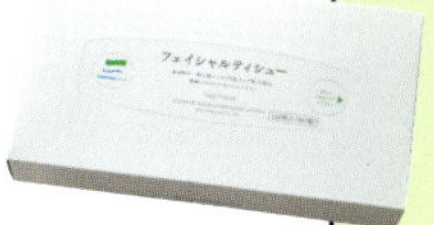

紙

ダンボール

玄関近くに置き場を作る。近くにガムテープ、はさみを置く。届いた荷物は玄関で開けて、置き場へイン。

紙袋

つい増えてしまうので、使うモノと取っておいても結局使わないモノを見極める。しまう場所は1か所に。

新聞紙

回収袋に入れて、2週間ペースで捨てる。予備の回収袋は回収袋の下に入れ、すぐ使えるようにセット。

子どもの作品

一部は飾って楽しむ。それ以外は、子どもに取っておくか聞いてから1か所に、できる限り厳選して保管する。

暮らし方

バーゲン

食器や洋服の色ルールが乱されたり、収納スペースがあふれる可能性があるから、バーゲンや福袋は買わない。

お買い得品

滅多に買わない。買い物は収納スペースを優先。3個セットよりも省スペースですっきり暮らすのがモットー。

バザー袋

使わないサンプル化粧品や頂きものなど、我が家で不要なモノはバザー袋に。たまったら、バザーに寄付。

頂きもの

頂いた相手に感謝をした後は、頂きものを使うか判断。使わない場合はほったらかさず、バザー袋へ。

思い出の品

思い出があって捨てられないモノは収納する。普通の収納と分け、宝箱のような扱いで大切に収納(P.100)。

洗濯物

取り込んだ洗濯物を置く場所、たたんだ洗濯物を置く場所、この2か所を固定させる。あちこち置かないこと。

書類

写真
きっちり整理する必要なし。老後の楽しみとして取っておく写真と、将来子どもに持たせる写真に分けて収納。

郵便物
できる限り届いたその日に開封。封筒は即捨て、中の書類は広げてクリアファイルに入れて、仮置き場に（P.81）。

本
何度も繰り返し読みたくなるような、取っておきたい本だけ厳選して本棚に収納する。それ以外は売る。

通帳
銀行の預金通帳は、自分都合で捨ててもよい。経費の計算のためや個人事業主など都合に応じて取っておく必要もある。

給与明細書
自分都合で捨ててもよい。人生の記念品として取っておきたい人は、普段の書類とは別に収納しておく。

保険証書
証書のみをファイルしておく。約款や封筒などは一緒に保管しない。家族と個人の証書を、分けても可。

名刺
A4のコピー用紙に貼って保管する。会った日付や会合の内容などその人を思い出すヒントを書いておくとなおよい。

トリセツ・保証書
ファイルに保存する。定期的に見返して保証期限が過ぎたモノから捨てていく。トリセツは、不要と判断したら読まずに即捨ての場合も。

ポイントカード
ポイントカードだけをまとめて輪ゴムで留めて収納。診察券などカードサイズの大きさのモノは1か所にまとめて保管する（P.80）。

文房具
新製品が出たら積極的に買って使う。同時に、古いデザインや素材の文具は譲るか捨てる。文具の所有数は増やさない。

必要なモノ 段ボール、かご、ケース 所要時間 10分

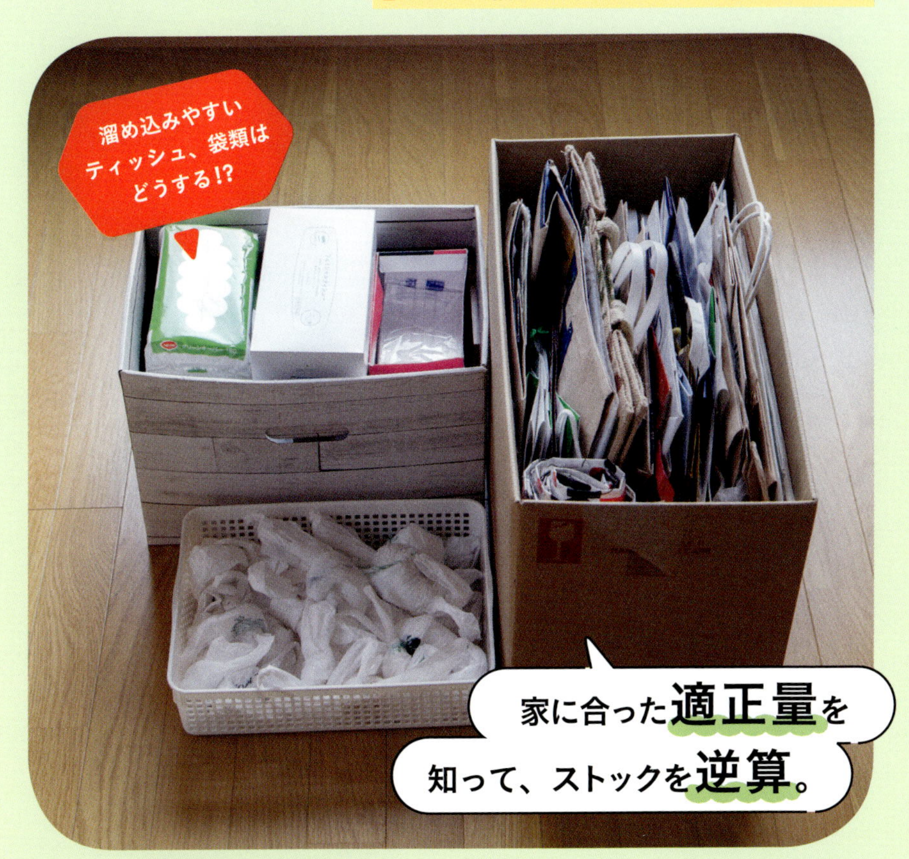
溜め込みやすい
ティッシュ、袋類は
どうする!?
家に合った適正量を
知って、ストックを逆算。

我が家では、どんなモノでも、収納場所に入る分しかストックしません。たとえば、スーパーのビニール袋は、買い物のたびに増え、どんなに使っても減らない、という声をよく聞きます。そうなると決めていた場所に入りきらなくなるので、適正量を超えたら家に持ち帰らない意識をつけます。日用品収納のスペースは家によって違います。収納できる量を知り、その量だけを入れる。基本に立ち返ってみてください。

サニー春さんのこだわり

モノの流れを観察して、〝行動を考えた収納〟

ティッシュペーパーやトイレットペーパーは透明のビニールを外して、すぐに使える状態で収納します。コンビニやスーパーのビニール袋は生ゴミをまとめる用。量さえ気にすれば、三角形にたたまなくたって、ざっくり丸めてもいいんです。

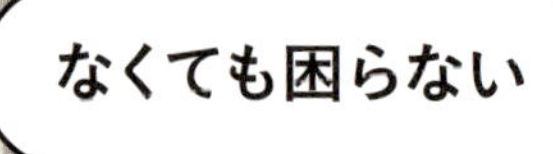

約款（やっかん）・トリセツは捨てる！

トリセツは
ネットで検索
できる時代！

必要なモノ　書類の束、ゴミ箱　所要時間 5分

家電の取扱説明書やスポーツジムの会員規約、保険の約款など……書類をきっちり保管している方は多いかもしれません。ですが、うちでは捨てています！　なぜかというと、取扱説明書は最初の設定時には見たとしてもその後一度も見ないことに気づいたからです。もし、どうしても見たくなったら、その会社のホームページで取扱説明書を見られるようになっていたり、サービスセンターなどに電話して聞いてみればいいんですよね。つまり、意外と捨てても困らないんです。約款も一度も見直した試しがありません（笑）。

　これは断捨離ではなく、少ないモノで機能的に暮らしたいだけ。どれを捨てていいかわからない人は、今ある書類をひとつにまとめて、捨てられるモノ、捨てられないモノを見直すといいかもしれないですね。

必要なモノ 100均のクリアケース　所要時間 10分

持ち手がつき、
厚みのある
ケースが
管理しやすい！
保管したい大切な書類は、
ケース収納で一目瞭然。

大事な書類は引き出しにまとめて入れている、という方は多いですが、それよりも、必要な時にパッと探せる収納方法があります。それは半透明でしっかりとした「書類ケース」を活用すること。まず、ジャンルごとに分けます。書類ケースはラベリングして何が入っているか判断できるように。書類ケースは自立するので立てて収納しやすく、テーブルなどに持ち運ぶのも容易で、何が入っているかも明確です。

サニー春さんのこだわり

クリアファイルも活用して書類ケースの中もすっきり！

我が家で書類ケースに入れているモノは、保険証書、金融商品、年金手帳など。夫と私の分など分けておくとよいモノはクリアケースで分類してから収納します。

必要なモノ A4サイズの封筒、書類用の棚など 所要時間 15分

A4サイズに変換すると、
スッキリ収まる。
同じサイズにそろえば、家じゅうの書類を一元管理！

お稽古事や子どもの学校や塾関係の資料など、書類はたまりがち……。捨て時の見極めも難しいからどんどんたまっていきます。枚数があるほどごちゃごちゃ見えるので、目につく場所にあると、収納しているつもりでも落ち着かない、という声も。そこで使いたいのが「A４サイズの茶封筒」。クリアケースに挟んだ書類を茶封筒に入れちゃいましょう。中の書類は見えずに、封筒が並んだ棚は見た目もスッキリ。

USBやメモリーカード、細かいモノもA4クリアファイルに収納

実は、書類以外の小物でも、A４で保存できます。小さな密閉袋などに入れ、クリアファイルにテープで留めて棚へ。関連書類とセットにできるし、小さなUSBメモリやメモリーカードを置きっぱなしにしてなくしてしまう人は、やってみてください。

コレで探さなくなる！ A4に変換する4つのワザ

「書類自体がA4じゃない場合は？」、「同じ封筒ばかりで探しにくい!?」という心配はご無用。サニー春さんが実践しているワザを拝見してみましょう。

「内容ごとに茶封筒に分ける」

封筒は上部を切って使います。上からすっぽり入れて、取り出しも楽。少量の書類しかなかったとしても、探しやすいように内容ごとに分けて入れます。封筒の上部に何が入っているか書いておきます。

「小冊子は広げれば、厚さ半分」

厚みがあって、かさばる冊子は封筒に入れにくい……。その場合はA4サイズのファイルに入れて整理しましょう。小冊子を広げれば、厚さが半分になる上、A4サイズにぴったりとおさまることも。

「細かいモノはポーチに入れる」

普段使わない予備の充電ケーブルなどはポーチを活用しましょう。ポーチもA4サイズを選ぶのがポイント。サイズを統一することで、ひとつの棚に収納してもスッキリとまとまって見えます。

「名刺はコピー用紙に貼る」

たまっていくとかさばる名刺は、A4サイズのコピー用紙に貼って整理。1枚に12枚ほど貼れます。封筒に入れて保管する前に日付やグループ名を書いておくと、思い出しやすくなって便利です。

必要なモノ ふせん、手帳、財布など　所要時間 5分

やることを書いたら、
行動に合わせて
手帳や財布に貼る！

これでうっかり忘れない スゴいふせん術。

ふせんに書くことは、おもに2種類です。「やりたいこと」と「この日までにやらないといけないこと」。手帳に貼った「やりたいこと」は、できなかったら、翌月のページにふせんを移動。「この日までにやらないといけないこと」は必ず日付をふせんに書いて、終わったら捨てます。支払いなどお金周りのことは、財布に貼っておくのがポイント。財布を開けるたびに思い出すので、うっかり忘れ防止になります。

サニー春さんのこだわり

我が家ではふせんは1色だけ。色はジャンルで変えても◎

もともとスッキリと見えることを大事にしているので、仕事の用事もプライベートな用事もすべて同じ色のふせんを使っています。そこは好みでよいと思います。パパ、ママ、子どもでふせんを色分けしたり、仕事とプライベートで分けても便利です。

いつでもどこでも忘れない！ ふせんメモのポイント

長年、1か月がひと目で見渡せるタイプの手帳を愛用しているサニー春さん。ふせんを使ってスケジュールを管理する3つのポイントを教えてもらいました。

「支払い期日や期間も書いておく」

支払いなどの期限が決まっているものは、まず日付からふせんに書きます。請求書などの封筒が届いたら（P.81）、開封するタイミングでふせんに書き込む習慣をつけましょう。

「買い物・支払い関係は財布に貼る」

振込やお祝い金の準備ど、お金にまつわることは手帳ではなく、お財布に貼っておきましょう。ふせんは、文字を書いたら余白を切って、できる限り小さくしてからお財布に貼ること。小さいほうが、邪魔にならず、はがれにくくなります。

「手帳の最終ページにふせんを用意」

手帳とふせんはセットにしておくと書きたい時にすぐに書けるので便利。ふせんは手帳に貼っておきましょう。主に使うのは小さな縦長のふせんですが、メモ代わりに使えるように大きいサイズも手帳に貼っています。

ゴミ箱は、ゴミが出る場所に"狙い置き"。

必要なモノ ゴミ箱　所要時間 1分

ゴミ箱はゴミが出る場所に置くのが基本です。ダイニングの隅っこに置いてある家庭を目にしますが、我が家は部屋中央、ダイニングテーブルの下に設置。なぜなら、テーブル周辺が一番ゴミが出る場所だからです。食事中に、納豆の容器やお菓子の外箱などのゴミが出ますよね。そのゴミをわざわざダイニングの隅っこにあるゴミ箱、またはキッチンのゴミ箱まで捨てに行くのは面倒です。テーブルの下にあれば、家族の誰もが座ったまま捨てられます。しかも、テーブルの下なので見えにくく、お部屋の雰囲気の邪魔をしません。

使っているのは段ボール製のゴミ箱(P.99)。口が大きく、ふたがないので、封筒など大きな紙も折らずにそのまま捨てられるので、デスク周りのゴミ箱にも使っています。だいたい2年を目安に、汚れたら買い替えます。

段ボール製のゴミ箱なら、気軽に交換できて清潔。

必要なモノ ピンチ、ピンチを入れる容器 所要時間 1分

家じゅうのモノを留める
なんでもピンチを用意。
無色透明の「無印良品」のを愛用！(P.98)

ピンチはキッチンに必要不可欠！洗濯の時だけのモノではありません。開封済みのお菓子やコーヒーを一時的に留めるのに大活躍。これひとつでしっかり留められるので湿気の心配はなし。ごちゃごちゃ見えるのが好きではないので、色は無色透明で統一。家全体にいえることですが、うちのメインカラーは透明～白。収納ケースや小物入れも白。色を統一することで、家全体が整頓されて見えます。

折り方を三角にすればピンチだけで超密封！

まずは、あき口の両サイドが三角になるようにそれぞれ折ります。大きな三角ができたら、上から少しずつ折れるところまで数回折ってピンチで留めましょう。

☑必要なモノ 食材用のかご、ラック、食器棚など ⏲所要時間 なし

食器は下段に、
よく使う食材は
目線位置！

最小動作でOK！ 台所動線の最適化。

シンクに立って振り返ると、目の前がすぐ食器棚という我が家の狭いキッチン。必要なモノをすぐに取り出せるように、食器棚の扉は取っぱらいました。そして採用したのは箱収納。プラスチックのケースに食材、紙の箱にワイングラスや食器を入れました。箱を引けばひと目で取り出せます。これが私のベストなキッチン動線。加えて、料理はスペースが重要。ちょっと何かを置けるキャスターがあると便利。

だしなどの粉末調味料は、まとめてキャスターの上に

よく使う調味料も箱収納です。普段はシンクの下に収納していますが、料理の時はキャスターの上に出します。わざわざ扉の開け閉めの必要がなくなります。

ほぼ1アクション！ 台所効率化の工夫

ボックスやトレーを有効活用して整理されたサニー春さんのキッチン。
随所に見られる、「家事を効率化」と「すっきり見せる」工夫を紹介します。

「冷蔵庫のセット分け」

納豆やジャムなど朝ごはんに使う食品は和・洋で分け、それぞれのトレーに収納。その日の気分でトレーごと取り出します。

「食材かごの取っ手」

取り出しやすいようにケースに取っ手をつけました。取っ手は100円ショップで買い、ワイヤーでケースに固定します。

「書類ボックスにお皿」

シンク上の棚は季節ものの食器を収納。書類ボックスに入れれば棚の奥まで有効活用して収納できます。取り出す時も楽チン。

「米は戸棚で開けっぱなし」

米類はケースに入れて食器棚に収納。お米の封は開いたままですが、頻繁に開け閉めしているので虫がわくことはありません。

「調理器具を乾かすフック」

洗った後は、フックにかけて自然乾燥。洗い物スペースが狭いお宅にオススメ。シンクにはスポンジを乾かすフックを設置。

「取りやすい立てる収納」

ジッパー付きビニール袋の箱2～3個を輪ゴムで一緒に留めれば、立てて収納可に。上をくり抜けば、1枚ずつ取り出せます。

所要時間 **20分**

同じ形にたたむと、
収納力が格段にアップ！
Fits
コートや厚物以外は、吊るすよりたたむほうが収納できる。

洋服が片付かない人は、引き出しの収納を見直しましょう。まず、コツは2つ。①引き出しの幅と高さに合わせて洋服をたたむ、②洋服はすべて同じサイズにたたむ。幅広の引き出しなら半分の幅になるようにたたんで、2列に洋服を収納するなど、たたむサイズは収納の重要なポイントです。隙間なく収納できれば、今まで以上に収納できるはず。たためないと思われがちなワンピースやパーカーもたためます。

サニー春さんのこだわり

靴下はたたまず収納！
ダンボール仕切りがポイント

たたむ作業を極力減らしたい私は、靴下や下着はたたまず収納。引き出しの高さに合わせた段ボールを2つ折りにして仕切りにして、色分けして収納します。

これでマスター！ フラットにたためる基本テク

たたみにくいと思われがちな4つのアイテムのたたみ方を伝授！

ハイネック・長袖

袖が表にくるように折れば、たたんでも長袖とわかるので便利。

❶パーカー同様に裏返し、肩からサイドを折り、袖を内側にたたむ。❷逆サイドも同様に折り、袖は外側に折る。❸片方の袖を外側に出したままの状態で、下から折る。❹表に返し、袖を正面から見えるように折る。はみ出た部分は裏に折り込む。

パーカー

たたむ最後にフードを平たく折り込めばかさばらずに収納できる！

❶裏返し、肩から片サイドを折って、袖を内側にたたむ。❷逆サイドも同様に折る。両サイドの折り幅を同じにすることがポイント。❸下から折る。折り目に手を添えるときれいに折れる。❹フードの先端をつまんで、半分に折る。

パンツ

お店のようなたたみ方。折る場所さえ理解できれば迷わない！

❶正面のベルト通し穴が合わさるように谷折りする。❷両足の裾の縫い目を合わせる。❸まっすぐ1本のラインになるように、片サイドを少し折る。❹裾から三つ折りにしてたたむ。

ワンピース

デザインによって折る回数は調整を。基本の折り方を知れば簡単！

❶裏返し、肩のラインで折る。肩とスカートをつかむと折りやすい。❷スカートのフレア部分のみを外側に折る。逆サイドも同様に折る。❸上部の⅓を残して、下から折り、さらにもう一度折る。❹表に返す。

タスカジさん太鼓判！

「整理収納」おすすめアイテム

効率よく整理収納するには、便利アイテムは欠かせません。サニー春さん家で長年愛用されているアイテムの中でも特に気に入っているモノを聞いてみました。

ベーシックでシンプルなデザイン

ポリカーボネートピンチ

無印良品　¥160（10個入）

半透明のシンプルな色合いのランドリー用ピンチ。ランドリー以外に、開封済みの食品や詰め替え用のシャンプーなど、一時的に留めるのにも便利。シャンプーの詰め替えなどの液体物にはティッシュを挟んでピンチで留めると良いそう。

RECOMMEND

輪ゴムやクリップよりも、かんたんに留められるのが気に入っています。

サニー春さん

RECOMMEND

ボタン付け、ちょっとしたお直しぐらいだったらこの大きさで十分！

サニー春さん

裁縫道具入れに活用！

ワイドケース

ザ・ダイソー　¥108

持ち手の付いたふた付きのクリアボックス。どんな用途でも使えるが、サニー春さんのオススメは手芸ボックス。大きな手芸箱はこの際やめて、必要最低限のモノだけに整理してみては。

RECOMMEND
大きな書類も
折らずに
捨てられて、
重宝しています。
サニー春さん

口が大きいから捨てやすい！

ダンボールダストボックス

下村企販 ¥1,080（2個組）

口が広く、深さのあるゴミ箱で、45ℓのゴミ袋もすっぽり入る。サニー春さん家はデスク周りとキッチン、ダイニングの3か所に設置。ふたがないから臭うのでは？ という心配は皆無。「ゴミそのものをぎゅっと押しつぶさない限り臭いません」。生ゴミも気にせず捨てるそう。

出し入れしやすい2辺ジップ

ビニールネットケース L型ファスナー

ザ・ダイソー ¥108

中に何が入っているかがわかりやすい半透明のメッシュポーチ。サイズはA4で、書類などを入れるのにも◎。サニー春さんは、仕事道具の持ち歩きや書類整理に活用しているそう。また、旅行時に洋服を入れたり、充電器やケーブルの予備の収納にもよい。

RECOMMEND
見つけたら
まとめ買いして
おくほど！ 整理に
欠かせません。
サニー春さん

RECOMMEND
余ったお菓子、
野菜、おかず……
すべてポリ袋で
保存しています。
サニー春さん

余ったおかずやお菓子の保存に

CO・OPキッチン用ポリ袋

日本生活協同組合連合会 ¥214（参考価格）

ティッシュのように1枚ずつ取り出せる箱入りタイプのキッチン用ポリ袋。たっぷり収納できるマチ付き。サニー春家では、ジッパー付き密閉保存袋は使わず、冷蔵も冷凍も食品の保存はすべてコレ。1枚のコストが安く、使い捨てできるから衛生的。

※各地域の生協によって、デザイン・仕様が異なります。

私たちのモノとの付き合い方

捨てられない〝人生記念品〟はなんですか？

サニー春

〝宝箱〟を作ることで自然と捨てるモノも見えてきます

誰でも思い出があってどうしても捨てられないモノがいくつかあります。それは、高価なモノということではなく、それを見るとその時のことを思い出すような日用品です。訪問先のお宅でも、部屋に飾ってあったり、無造作に置いてあったりしています。

そういうモノを人生の記念品として、大事に収納しておくことをおすすめしています。それは、あなただけの人生の記念品ですから、たとえば子どもの汚れたスタイだったり、大事だと思うモノだったら何でもいいのです。

私の場合は、小さい頃に使っていたお弁当用の箸や子どもが使っていた歯磨き用のプラスチックのコップです。人から見たら、「何でこれが大事なの？」というようなモノでも、私にとって大切な人生の記念品。見ると、自分の少女時代や子育ての頃を鮮明に思い出す品々です。実際にどうするかというと、人生の記念品を決めたら宝箱に入れます。数はいくつでもよいと思います。入れる箱はダンボールでは、記念品が何だかかわいそう。お気に入りの箱を作って大切にしまいましょう。しまう場所は、クローゼットの奥でも◎。普段目にしない場所でいいと思います。宝箱に入れたことで、他のモノが色あせて見えることがあります。これで、いらないモノがわかってきます。

私だけの
少女時代から今に至る
人生の記念品

PART 4

教えてタスカジさん！

みんなのQ&A

家事の悩みは、掃除・料理・整理収納のスペシャリストが集まるタスカジさんに聞いて解決。それぞれの分野ごとにワザを紹介してくれた3人が回答してくれました！

Q

掃除機の買い替え検討中です。いろんな家庭で掃除をされて、オススメはどんなタイプですか？（34歳・主婦）

A

みけままさん

マキタのコードレス掃除機は、小回りが利いて優秀です。ですが、**居住環境**によっても**得意不得意**が変わってきます。

いろんなメーカーからコードレス掃除機が出ている中で私が「マキタ」をおすすめする理由は、まず軽いこと。ノズルが軽快なのでとても扱いやすいです。狭いところでもスルスルっと掃除できる感覚がマキタにはあります。現在は、ターボと107の２種類がありどちらも標準モードだと30分ほどの連続使用が可能。家の広さから、稼働時間が十分か検討してみるといいと思います。3LDKの我が家ではコレ１台で十分です。

一般的な掃除機

ワイパーでは取れない、継ぎ目や隅のゴミ、じゅうたんや畳には必須。ただし、機種によってはホコリを舞い上げるので、ワイパーなどで予備掃除をしてからがよい。

コードレス掃除機

駆動時間が少ないものの、抜群の小回りの良さで、タスカジさんの間でも大人気。メイン機というより、気づいた時にサッとゴミを吸い取るのに◎。

フロアワイパー

畳やじゅうたんには使えませんが、フローリングスペース、ホコリの出やすい寝室にはとても便利。ただし、「掃きもれ」が出るので掃除機やぞうきんなどの拭き掃除でフォローを。

訪問時にも、遭遇率高し！

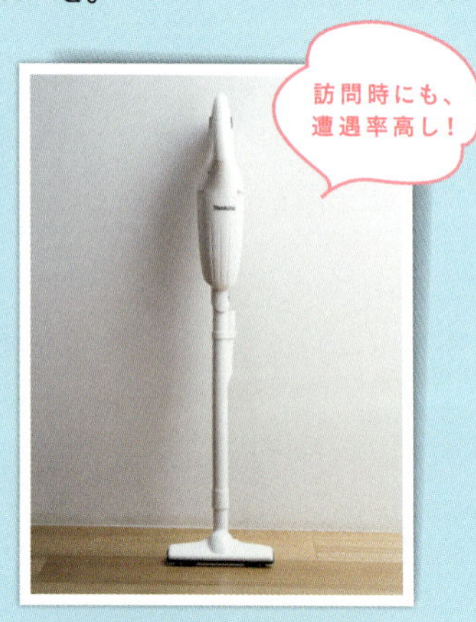

シンプルで無駄のないデザインなのも、多くの人に愛用され続ける理由のひとつ。

エアコンの効きが悪かったり、カビ臭さが気になります。素人はどこまで掃除していいの？

（40歳・会社員）

フィルター清掃、外部品の拭き掃除はOK。ただし、カビの原因であるエアコン内部のクリーニングは、業者にお任せを！

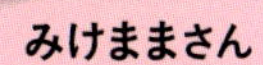

みけままさん

やれるところを習慣に！

クリーニングは居住人数や使用頻度によって変わりますが、日頃の掃除の頻度によっても変わります。なぜなら、効きが悪くなったり、カビ臭くなるのはフィルターが汚れているから。フィルターはオンシーズンなら2週間に1回は掃除しましょう。お掃除機能付きのエアコンもフィルター掃除は必須です。また、盲点なのがエアコン本体の上部。空洞になっていることが多く、家じゅうのホコリがダイレクトに入ってしまいます。伸縮式のハンディモップ（P.49）で掃除しましょう。

半年に1回！エアコン掃除の流れ

1 コンセントを外す

最初に必ずコンセントを抜く。吹き出し口を外側に開き、セスキ（P.34）で拭く。吹き出し口は絶対に外さないこと。

2 フィルターを取り出す

エアコンのカバーを開けて、フィルターを外す。お風呂用の洗剤または食器用洗剤で洗ってホコリを取り除きます。

3 壁やエアコンの隙間を掃除

フィルター掃除を怠っていると壁やエアコンの隙間にホコリがたまって真っ黒なことも。セスキとクロスで拭きましょう。

作りおきしたら、ベチャッとしてしまいました……。おいしく作るコツはありますか？（46歳・主婦）

A

水分の多いサラダは、今日明日で食べないなら、食材と調味液を別々に保存しておきましょう！

すずきよさん

サラダや和えものなど水分が出やすいおかずは、食べる直前に食材と調味液を合わせられるように別々に保存。調味液はドレッシングやたれの状態にして保存しておきます。作りおきしてから2～3日を目安に食べきるようにしましょう。野菜炒めなどの炒め物は、日にちがたつとしんなりしがち。初日に食べて余ったら、焼きそばやみそ汁の具にするのもおすすめ。野菜から出た水分も一緒に入れると旨味がアップします。

ポリ袋に入れておけば、中に調味液を入れてかるく手でもむだけでOK。無駄な洗い物が出ません。

かんたんレシピメモ

ツナとわかめの和えもの

作り方

1. 水で戻したわかめ、下ゆでしたもやし、せん切りにしたにんじんはそれぞれ水けをよくしぼり、ボウルに入れる。
2. ツナ缶、ポン酢、濃縮つゆ、砂糖、ごま油、薬味を小さな器で和える。
3. 食べる時に、①に②を入れてよく和える。

手放せない調味料を教えてください！
おすすめの活用方法もお願いします。（29歳・パート事務）

すずきよさん

「濃縮つゆ」、「ブイヨン」、
「焼肉のたれ」はヘビロテ。
味を決めたい時に頼りになります。

ブイヨン

牛肉や香味野菜の味をギュッと濃縮。煮込み、ソースに使うと材料同士をうまくまとめ、短時間で旨味を引き出してくれます。カレーの具を煮る時に入れると、本格的な味わいに。とくに洋風のメニューには欠かせません。

マギーブイヨン（ネスレ日本）

1本あれば心強い！

ご飯がすすむ!!

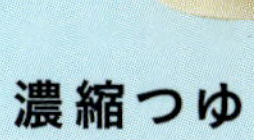

濃縮つゆ

和風料理に使うと、一発で味が決まります。あとは味をみて、他の調味料を足してアレンジしてもOK。時短にピッタリです。煮物はもちろん、和え物、漬け物にも。ゆで卵を漬け込んで、味付け卵も簡単にできます。

濃いだし　本つゆ（キッコーマン食品）

たちまちプロの味。

焼肉のたれ

りんごとはちみつのコクのある甘さに、香味野菜の香りが効いているので、肉の下味にするとおいしいです（唐揚げのレシピ P.67）。じつは隠し味として使うこともあり、肉じゃがや大根の煮物、トマトソースなどに加えるのもオススメ。

焼肉のたれ 甘口（エバラ食品）

Q

モノをすぐになくしてしまいます。探す手間を省くには、どう収納したら？（58歳・主婦）

A

サニー春さん

まず、仕切りを作ってみましょう。わざわざ整理グッズを買わなくても、あるモノで大丈夫。

棚やケースなど、収納する場所を決めたつもりでも、その中でモノがごちゃごちゃしては本末転倒です。モノを自分のスペースに入れる時の基本は、「自分仕様に変換」するということ！　空き箱を並べるだけで、立派な仕切りです。仕切りがあると何がよいかというと、ひと目で俯瞰できること。ストックすべき量を確認できたり、自分に必要なモノかも細かに見極めやすくなります。

ケースはサプリの空き箱！

アクセサリー

アクセサリーはパーツが細かいだけに、小分けをしないと絡まりやすい。専用の収納箱がなくても、これならすぐできませんか？

パッケージをそのまま仕切りに！

薬

常備している薬は、元々入っていた箱のふたを切るだけ。残りの量もすぐわかります。瓶やボトルも、箱に入れるとスッキリ感がアップ。

遠くで暮らしている親の家に帰ったら、散らかっていて唖然。どう片付けてあげたらよいでしょう……？（41歳・会社経営）

サニー春さん

A 親の価値観を否定しないこと。気持ちに寄り添って、一緒に悩みを解決してあげるのが、あなたの役目です。

私たちには散らかって見えても、暮らしている本人は散らかっていると思っていない可能性があります。というのも、親世代は戦後数十年の間モノがない時代を生きてきました。簡単にモノを捨てられない世代です。まず、今の状態で困っていることがないかを聞いてあげること。もし、探しものが見つからなくて困っているのであれば、整理や片付けを提案して、一緒にしてあげてもいいかもしれません。

逆に今のままで満足されているのならほおっておいてあげましょう。ただし、大事なものはひとつにまとめておいたほうがいい、とアドバイスをするのはよいと思います。そしてもう一言、「お母さんが整理したいなら手伝うからね」と付け加えてください。あくまでも、主導はお母様にあることを伝えてあげましょう。

また、同居の場合はリビングなどの共有エリアにはそれぞれの私物を置かない、というルールを作るのはどうでしょう。そして、お母様のエリア以外の片付けをし始めるのです。スッキリと気持ちよく片付けられた様子を目にしたお母様は、自然とご自分の身の周りを整頓しようと思うきっかけになるかもしれません。

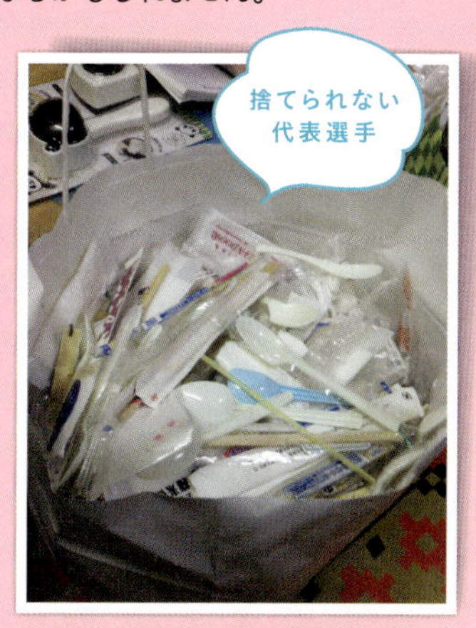

依頼主のお母様が持っていた大量のプラスチックスプーン類。もらうたびにとっていたのでしょうけど、過去に一度も使っていません。

INTERVIEW

私がタスカジさんになった理由 VOL.1

仕事も家事も全部背負ってしまうお母さんの味方になりたい！

みけままさん

家事に終わりはない…合理的なことが好きな性格

右も左もわからず、未経験で掃除の仕事をスタートしましたが、「この汚れを落とすにはどうしたらいいか」「ここをやるなら、こっちも一緒にやりたい！」など、自分の合理的な性格を生かして、自分なりに経験を重ねてきました。

現在のタスカジに至るまで、15年以上家事＆掃除の仕事をしてわかったのは、「これで終わり」、がない世界だということ。もっとキレイにしたいけれど、私たちには体はひとつしかありません。だからこそ、与えられた時間内に効率的に、精一杯満足いただけるワザを追求するようになったんだと思います。

30、40代のワーママを助けるタスカジさんという存在

働きながら子育てをする〝ワーママ〟のお客様が多いのが、タスカジです。リピートしてくださり、親密になってプライベートなお話をしてくださるようになると、「全部自分でやらなければと思っていました……」という強迫観念があったというお母さんが少なくありません。自分も30～40代はそうだったからこそ、ぜひ悲鳴をぶつけて、頼ってもらいたいと強く思います。「悩んだら、タスカジ」！

Data

みけままさん・54歳

- 家族構成……夫、娘の3人暮らし
- タスカジ実績……500件
- 月の稼働……約35件
- タスカジ歴……1年2か月
- 受賞……2017タスカジさんアワード 掃除スキル賞
- 好きな家事……洗濯、洗い物

自分の好きな料理を生かし、想像を超えて喜んでもらえる場所。

すずきよさん

INTERVIEW
私がタスカジさんになった理由
VOL.2

料理教室講師を務めながらダブルワークでタスカジに

自分が料理の魅力に気づいたのは、学生時代の学園祭の催し。料理デモを行い、料理のコツを伝えられる面白さを知り、管理栄養士の資格を取得後、料理教室の講師になりました。

しかし、料理教室講師の仕事が不定期で収入も不安定だった時、旅行の出費も重なり、お財布のピンチに。そんな時、近所のママ友つながりで、タスカジの説明会に参加。ダブルワークとして働けて、自分の特技も生かせることに、惹かれました。

作りすぎてもいい嬉しさと、「出会えてよかった」の声

自宅で家族のために頑張って作っても、ときには「作りすぎ」と注意されることも……。そんな小さなストレスだったことが、タスカジの仕事では、むしろ喜んでもらえます。求められるレベルはさまざまですが、当たり前にしていた料理が他の家庭では、「今ではすずきよさんなしの生活は考えられない」とまで言われることも。大きなやりがいになっています。

こんなにも直接感謝の気持ちを伝えていただける仕事は他になかなかないし、自分のスキルアップも実感できる。家族を健康に育ててきた人なら、きっと力になれるはずです。もし興味があれば、まずは自分にできるペースで、一歩踏み出してみてください！

Data

すずきよさん・45歳
家族構成……夫、大1&中3息子の4人暮らし（犬2匹、猫1匹）
タスカジ実績……455件
月の稼働……約15件
タスカジ歴……3年
資格……管理栄養士、食育インストラクター
受賞……2016タスカジさんアワード料理スキル賞、2017タスカジさんアワードグッドインパクト賞
好きな家事……料理、洗濯干し、風呂掃除

あるモノを工夫して仕上げて、喜んでもらえた時がうれしい。

サニー春さん

家事はやらなければならないから短時間で済ませたいこと

私はもともと、「家事が苦手」というより、嫌いでもなく、好きでもない……というタイプでした。家事は、主婦としてやらなければならないことだ、と。

小さい頃から、手芸や洋裁、編み物が好きだったので、作品を作る時は試行錯誤して工夫することや、完成形をイメージしてトライ＆エラーを繰り返すことは、自分にとって当たり前。「こうしたらよくなるのでは？」とあれこれ観察して仕上げることが私の特技なんだと気づいてから、手芸だけでなく、家事も楽しんで取り組むようになっていきました。

当たり前にやっていることが誰かの役に立つという驚き

お片付けが苦ではないということを周りに話した時に、「人の役に立てるよ」と言われたことが、この仕事を始めたきっかけです。最初はまさか自分が……と驚きましたが、何かに貢献したいという気持ちから、まずはやってみようと決心しました。

友人の家から始めたところ、目の前で悩み事が解決し、家だけでなく、友人自身までスッキリ変わっていく姿にこちらまでうれしくなりました。そこからタスカジの仕事に至り、今では、片付けた部屋のキレイをキープしていただくため、整理収納だけでなく、掃除の仕事も並行。あるモノで居心地をよくするサポートをしています。

Data

サニー春さん・60歳

家族構成	夫と2人暮らし
タスカジ実績	250件
月の稼働	15〜20件
タスカジ歴	1年
資格	整理収納アドバイザー2級 ライフオーガナイザー®1級
好きな家事	お片付け

LET'S TASKAJI

自分の特技やスキルを活かして…タスカジさんになってみませんか?

共働き世帯の増加を受け、家事代行をお願いしたい人が増えています。
タスカジは、依頼主と家事を仕事にしたい人をつなぐプラットフォーム。
普段している家事を、自分のペースで仕事にでき、
知識やスキルも磨いていける場所です。家事が苦でない人にとっては、
おうちで当たり前にしていることで誰かの役に立ち、心から喜ばれる
「家事シェア」を一緒に広めていきませんか。

タスカジのあたらしい働き方

1 好きな家事だけでOK

下記の項目から、自分のスキルを活かせる内容を登録して、依頼主の希望に合わせて仕事を受ける。

仕事内容

掃除・洗濯　料理・作りおき　整理収納
チャイルドケア　ペットケア　買い物

2 時間や場所を調整しやすい

働きたい日時を自由に登録でき、週1回3時間〜でもOK。自宅の最寄駅から○分以内など、エリア設定もできるので、自分の生活や予定に合わせて働きやすいのが魅力。

3 高い時給で効率よく働ける

時給1,200〜2,100円。依頼主からの評価や仕事ぶりによって、設定可能額がアップ。1か月の報酬が10〜30万円という方も!

Aさんの収入例

1回時給2100円×3時間=6,300円(交通費別途)
1か月時給2100円×120時間稼働=252,000円!

4 未経験でも先輩から学べる研修

初めてで不安がある人も、仕事の流れ、時間配分、テクニックなど、レクチャーを受けられる。先輩タスカジさんによるセミナーも多数開催されているので、希望者には学ぶチャンスがたくさん。また、経験を積み重ねていくことで、自分が先生として活躍する道も。

詳しい情報・ご応募はこちら
「タスカジ」ホームページ
taskaji.jp

SHOP LIST

iwaki	☎03-5627-3870
エバラ食品工業株式会社	☎0120-892-970
花王株式会社	☎0120-165-693
株式会社グラフィコ	☎0120-498-177
株式会社シービック	☎03-5414-0841
株式会社東邦	☎06-6754-3181
キッコーマン株式会社	☎0120-120-358
ザ・ダイソー	☎082-420-0100
下村企販株式会社	☎0256-64-5588
ニトリ	☎0120-014-210
日本生活協同組合連合会	☎0120-999-345
ネスレ	☎0120-00-5916
野田琺瑯株式会社	☎03-3640-5511
フライング タイガー コペンハーゲン	https://blog.flyingtiger.jp/
マーナ	☎03-3829-1111
無印良品 池袋西武	☎03-3989-1171
茂木和哉株式会社	☎0187-73-5321

※本書に掲載されている情報は、2018年3月時点のものです。
商品価格や仕様が変更されている場合があります。
※価格はすべて税込です。

撮影　青木和義
イラスト　前田はんきち
アートディレクション　細山田光宣
(細山田デザイン事務所)
デザイン　室田潤
(細山田デザイン事務所)
編集協力　森田有希子、印田友紀
(smile editors)
制作協力　平田麻莉
(株式会社タスカジ)

タスカジさんが教える
最強の「家事ワザ」

2018年4月26日　第1刷発行

監修　タスカジ
発行者　石﨑孟
発行所　株式会社マガジンハウス
〒104-8003　東京都中央区銀座3-13-10
書籍編集部☎03-3545-7030
受注センター☎049-275-1811

印刷・製本　株式会社千代田プリントメディア

©2018 TASKAJI,Magazinehouse　Printed in Japan

ISBN978-4-8387-2991-3 C0077

乱丁本、落丁本は購入書店明記のうえ、小社制作管理部宛にお送りください。
送料小社負担にて、お取り替えいたします。
但し、古書店等で購入されたものについてはお取り替えできません。
定価は帯とカバーに表示してあります。
本書の無断複製（コピー、スキャン、デジタル化等）は禁じられています（但し、著作権法上の例外は除く）。
断りなくスキャンやデジタル化することは著作権法違反に問われる可能性があります。

マガジンハウスのホームページ　http://magazineworld.jp/